D1569592

VIDA Y COSTUMBRES DE LOS PUEBLOS

DEL NORTE DE EUROPA

VIDA Y COSTUMBRES DE LOS PUEBLOS

DEL NORTE DE EUROPA

María del Mar de Ventura Fernández

Copyright © EDIMAT LIBROS, S. A.
C/ Primavera, 35
Polígono Industrial El Malvar
28500 Arganda del Rey
MADRID-ESPAÑA
www.edimat.es

ISBN: 978-84-9764-835-6
Depósito legal: M-9701-2007

Colección: Vida y costumbres en la Antigüedad
Título: Vida y costumbres de los pueblos del norte de Europa
Autor: María del Mar de Ventura Fernández
Coordinación de la colección: Felipe Sen / Álvaro Cruz
Diseño de cubierta: El Ojo del Huracán
Impreso en: COFÁS, S. A.

IMPRESO EN ESPAÑA – *PRINTED IN SPAIN*

ÍNDICE

INTRODUCCIÓN

Los estudios arqueológicos demuestran que los contactos, fundamentalmente comerciales, entre los pueblos nórdicos y el resto de los pueblos europeos se remontan a varios milenios a.C. Sin embargo, durante mucho tiempo estos alejados y fríos territorios fueron ignorados por el resto de Europa y sus habitantes considerados bárbaros y paganos. Los siglos IV y V de nuestra era fueron testigos de las mayores invasiones de los pueblos nórdicos que habían emigrado de Escandinavia haciéndose presentes en casi todos los rincones de la Europa continental. Estos movimientos unidos a los desplazamientos de la población eslava de la Rusia central hacia Occidente tuvieron como resultado final un alejamiento de las relaciones culturales de los pueblos europeos, muchos ya cristianizados, con la población germana que había quedado en Escandinavia.

El mapa político del siglo VIII nos muestra una Europa continental de reinos germanos independientes que luchaban contra el avance del Imperio franco, que ha conquistado gran parte de los territorios de la Europa central y occidental; que ha sometido a su poder a los frisios del norte y que está en continua lucha contra los sajones y los eslavos de la Europa oriental. Junto al Imperio franco otras dos grandes potencias luchan por imponer su hegemonía: los árabes, en la península Ibérica y el norte de África y el Imperio romano de Oriente, al este del mar Mediterráneo. Mientras, en Escandinavia los pueblos empezaron a mostrar su identidad nacional: ya se hablaba de daneses, noruegos y suecos. Sin embargo, ninguno de ellos formaba todavía unidad nacional, pues estaban formados por pequeños reinos independientes entre sí pero con rasgos comunes a todos ellos.

Y es en este siglo de cambios cuando aparecen ante Europa los pueblos nórdicos con toda su fuerza. Porque si hay un pueblo en el que la leyenda y la realidad se mezclan sin distinción ése es el de los vikingos o normandos escandinavos que hacen aparición súbitamente en la Historia dando su nombre a una época, desde el siglo VIII hasta el XI de nuestra era. Colonizadores, agricultores, comerciantes o piratas, pero sobre todo excelentes navegantes, conocedores de los secretos del mar y del arte de la navegación, protagonizaron multitud de expediciones creando el terror y la inseguridad entre los hombres del Occidente europeo y el mundo islámico oriental.

El contacto con otros países como Inglaterra, Irlanda o el Imperio franco que ya llevaban varios siglos de tradición cristiana y la labor de los misioneros, ingleses, alemanes y franceses, comenzó a dar sus frutos primero en Dinamarca, luego en Noruega y mucho más tarde y con mayor dificultad en Suecia y Finlandia, países que mantenían muy arraigadas sus tradicionales costumbres paganas. En esta época de expansión y de contacto con las culturas de otros pueblos las influencias artísticas extranjeras se hicieron inevitables aunque no se llegaron a implantar hasta que estos países se convirtieron al cristianismo y el arte del final de la etapa vikinga fue sustituido por el arte románico imperante en Europa occidental.

CAPÍTULO PRIMERO

PREHISTORIA NÓRDICA

Introducción

Tras el retroceso de la masa de hielo de la última glaciación europea, llamada de Würm, comenzó en Europa del Norte un clima mucho más templado y favorable que el actual, que se mantuvo hasta, aproximadamente, el año 3000 a.C. Después, las condiciones climáticas y medioambientales sufrieron algunas variaciones. La desaparición del manto de hielo fue debido a una elevación de las temperaturas, que en estas regiones del norte tuvo un crecimiento mucho más rápido que en las del sur del continente. En su imparable avance el hielo había transportado gran cantidad de depósitos de piedras y gravas que quedaron a la vista tras su evaporación, por eso la mayoría de los suelos eran poco adecuados para el desarrollo de la agricultura. Dinamarca y el sur de Suecia sólo estuvieron cubiertos totalmente por glaciares en los períodos más fríos por eso sus suelos eran más fértiles que los de las regiones más septentrionales. El aumento de la temperatura produjo una elevación del nivel del mar pues, al deshacerse los hielos, el agua inundó grandes extensiones de tierras costeras pero al mismo tiempo se produjo una elevación del bloque continental al encontrarse la tierra libre del peso de los hielos. El sur de Suecia estaba unido por tierra con los actuales países de Dinamarca y Gran Bretaña. La elevación del nivel del mar provocó la inundación de la tierra entre el oeste de la península de Jutlandia y Gran Bretaña.

Como los vientos del oeste empujan las aguas calientes de la Corriente del Golfo hacia los países nórdicos, en general su clima es relativamente suave a pesar de la altitud a la que se encuentran. En el litoral occidental, los inviernos y veranos son más suaves, mientras que en el litoral oriental y en las regiones del norte las temperaturas son extremas y soportan veranos cortos y largos y rigurosos inviernos.

Al mismo tiempo que los glaciares se fueron derritiendo, los primeros grupos humanos aparecieron desplazándose hacia el norte para establecerse en las nuevas tierras que quedaban libres de los hielos. Estos cambios también produjeron una modificación de la fauna y la vegetación. Donde antes había un manto de hielo crecieron líquenes y musgos y, con el tiempo, frondosos bosques de robles, fresnos, olmos, coníferas y tilos, en las costas del centro y sur de Escandinavia, mientras que en las zonas más septentrionales, antes del Ártico, abundaban los álamos y abedules, especies que mejor resisten condiciones climáticas más adversas. Con el bosque surgió una variada fauna con animales como la marta, el castor, la nutria, el zorro, el ciervo, el jabalí o el oso. También llegaron aves como el gallo, pájaros carpinteros y rapaces y alrededor de los pantanos cisnes, gansos y patos.

Dinamarca es el país de Escandinavia que tiene un clima más suave con tierras bajas y llanas bañadas por las aguas del mar Báltico. La mayor parte del territorio estaba cubierta de lagos, pantanos, ríos, verdes praderas y bosques de hoja caduca. La economía de sus habitantes se basaba fundamentalmente en la agricultura, en la ganadería y en la pesca que obtenían de los ríos y del mar. También del comercio, dirigido hacia el noroeste de Europa desde la costa occidental y hacia los pueblos de la zona de influencia del mar Báltico desde las regiones orientales.

Noruega tiene un largo y escarpado litoral recortado por numerosos fiordos, que pueden extenderse hacia el interior entre altas montañas, formando verdes valles que riegan tierras aptas para el cultivo. Alrededor de los fiordos se asentaban pequeñas comunidades, a menudo muy alejadas unas de otras, pero siempre cerca de las costas donde el clima era menos extremo, suavizado por la Corriente del Golfo. En las tierras más protegidas por los valles de los fiordos la población cultivaba los escasos campos favorables para la agricultura y mantenía el ganado, que utilizaban como transporte y del que aprovechaban la carne, la leche, el queso y la lana. Caballos, vacas, ovejas, cerdos y cabras pastaban por las verdes praderas durante el verano y eran recogidos en el invierno para resguardarles de las inclemencias del tiempo. Los mamíferos marinos, como las ballenas, focas y morsas, se cazaban tanto para su consumo como para comerciar con sus pieles y, en el caso de las morsas, por sus colmillos, muy deseados para realizar objetos de marfil. La madera la obtenían de los bosques de coníferas, abetos y pinos y de los árboles de hoja caduca como el fresno, el roble o el haya. En el extremo norte de Noruega, debido a su mayor altitud y a que las altas montañas contienen la llegada de la suave corriente marina, las temperaturas son muy extremas con inviernos largos y fríos y cortos veranos. El territorio, denominado tundra, es llano y abierto, con subsuelos helados y por tanto escasa vegetación, en la que predominan los líquenes y musgos, y se extiende entre las regiones polares cubiertas de hielos perpetuos y los bosques de coníferas, taiga, situados más al sur. Estas regiones del norte constituían el hábitat de grandes animales como osos, alces y renos, y junto a ellos, otros de menor tamaño como ardillas, martas o zorros árticos. Animales de los que aprovechaban su carne, pieles y huesos, bien para su uso personal y cotidiano, bien como objeto de comercio que cambiaban por mercancías que escaseaban en su país o por objetos que producían los ricos talleres de Europa y Oriente, como el vino o la seda.

Al norte de Suecia se extiende un territorio cubierto de tundra, mientras que en el resto abundan los bosques de coníferas hasta las llanuras de la región meridional y central del país. La cadena montañosa de Kjölen actúa de frontera natural con Noruega. Desde las montañas del norte muchos ríos discurren hacia el sureste para desembocar en el golfo de Botnia, dejando a su paso numerosos lagos y verdes valles. En las regiones que quedan dentro del Círculo Polar Ártico las horas de luz disminuyen durante el invierno, donde la oscuridad se hace presente durante al menos dos meses. Mientras en verano disfrutan de casi dos meses de luz continua. En las tierras llanas del centro meridional, Västergödand, y el extremo suroriental, Escania, proliferan los lagos y los bosques de hoja caduca, predominando el haya, el roble y el abedul. En estas zonas el retroceso de la masa glacial dejó suelos marinos arcillosos y fértiles. Además de la agricultura y el ganado los habitantes aprovechaban el pescado y las aves marinas para su subsistencia y también de los animales del norte, su carne y su piel. Desde su costa occidental establecieron relaciones comerciales a través del mar del Norte, fundamentalmente con Noruega y Dinamarca. Desde el este y sureste, la zona más fértil y rica alrededor del lago Mälar, se establecieron relaciones con Europa oriental navegando por el mar Báltico. Las islas de Öland y Gotland presentan características geográficas diferentes a las del resto del territorio. Un clima más templado, sus fértiles campos aptos para el buen desarrollo de los cultivos y para el pasto del ganado, así como su inmejorable posición estratégica, situadas en el centro del mar Báltico, a mitad de camino entre las costas de los países bálticos y Suecia, la convirtieron en el eje y centro de las rutas comerciales. La población vivió momentos de gran desarrollo del comercio y por tanto gozó de prosperidad económica, florecimiento en general que se vería potenciado durante los siglos siguientes en plena era vikinga.

Finlandia limita al norte con Noruega, al oeste con Suecia y el golfo de Botnia, al suroeste con el mar Báltico, al este con

Rusia y al sur con Rusia y el golfo de Finlandia. Durante el período de las glaciaciones estuvo completamente cubierta de hielo, por lo que su suelo de piedra y grava no reúne condiciones favorables para el desarrollo de la agricultura. Cerca de un tercio del territorio queda dentro del Círculo Polar Ártico. Casi todo el país es una llanura, no tiene cadenas montañosas y la mayor elevación se encuentra en el noroeste, en la frontera con Noruega. Grandes bosques de coníferas, sobre todo abetos y pinos, cubren la mayor parte del territorio y en la zona sur, donde se encuentran los suelos más fértiles, también abundan los álamos, arces y olmos. En cuanto a la fauna, animales salvajes como el oso, el lobo, el reno y el zorro polar habitan las regiones del norte. En sus innumerables lagos y ríos pescaban salmones, truchas y lucios, y del mar aprovechaban el bacalao y el arenque. La mayor parte de la población se asentaba a lo largo de las costas occidental y meridional y sus habitantes vivían fundamentalmente de la caza y de la pesca. Las islas Äland, que fueron colonizadas por los suecos en el siglo VI de nuestra era, se convirtieron durante la época vikinga en un importante centro de partida de las expediciones comerciales hacia Rusia y el mar Negro.

Al norte del Círculo Polar Ártico y en una extensa región que comprende el norte de Noruega, Suecia, Finlandia y la península rusa de Kola se sitúa Laponia. Montañas, glaciares y escarpados fiordos con profundos valles configuran el paisaje de la parte occidental. Hacia el este una baja llanura, en la que proliferan los lagos y pantanos, cubre el territorio. El clima es duro y extremo y el hielo cubre la tierra durante la mayor parte del año. La vegetación es escasa y la fauna la componen animales como el reno, el lobo, el oso y diferentes especies de aves. En la Laponia sueca existen yacimientos de hierro, de níquel en Rusia y de cobre en Noruega.

Se cree que los lapones habitaban estas regiones mucho antes de la llegada de los escandinavos, finlandeses y rusos. Poblaciones de cazadores y pescadores vivían a lo largo de las costas y fiordos durante el verano y se desplazaban hacia el interior cuando llegaba la dura época invernal. También se dedicaban al pastoreo de renos, práctica que se fue convirtiendo en su actividad principal y en la base de su economía. De este animal aprovechaban su carne, su piel y tendones para confeccionar la ropa de abrigo y además era imprescindible como elemento de carga y transporte. Actualmente los mayores núcleos de población se encuentran concentrados en la región noruega de Finnmark, donde se les conoce como *finns*. Aunque siguen dependiendo del pastoreo de renos, muchos lapones se dedican a la agricultura y a otras actividades.

La Edad de Piedra

Durante la Edad de Piedra los hombres que habitaban los países nórdicos eran nómadas cazadores, pescadores y recolectores de plantas silvestres y frutos naturales. Algunos investigadores creen probable que los primitivos habitantes del norte de Escandinavia y de Finlandia fueron los lapones, pueblo que se desplazó desde los territorios situados en las proximidades del lago Onega, Rusia, hacia el noroeste, después de la última glaciación. Los grupos humanos se fueron asentando en Escandinavia y aparecieron diferentes culturas en Noruega, como la de *Fosna* en Trondheim o la de *Komsa* en la región de Finnmark. Esta necesidad de movilidad para procurarse la subsistencia implicaba una primitiva organización social de grupos muy reducidos. A lo largo de las costas y en las orillas de los ríos y lagos establecían pequeños campamentos que iban desplazando en busca de nuevos recursos. A bordo de pequeñas embarcaciones construidas de madera, ligeras y muy rudimentarias, como un simple tronco de árbol vaciado, recorrían los ríos y lagos en busca de pescado como el salmón o la trucha. En las regiones costeras vivían también de la recolección de moluscos, cuyos restos amontonaban formando los llamados *concheros*, nombre que ha dado lugar a la denominada cultura de los concheros del norte o de Ertebolle, al norte de Dinamarca. Cuando se desplazaban por el mar a lo largo de sus innumerables costas parece que utilizaban embarcaciones un poco más consistentes, recubriendo el armazón de madera con pieles unidas con gruesas cuerdas o hilos de lino. Con el derretimiento de los glaciares a la tierra despoblada y a las montañas que quedaron al descubierto empezaron a llegar animales árticos como los lobos, oso, liebres, renos y zorros.

Aprovechaban una gran variedad de útiles de piedra, astas o huesos con los que podían raspar, perforar, machacar y cortar y para atacar y defenderse de sus enemigos. La materia prima por excelencia era el sílex, que encontraban en guijarros de ríos y playas. Daban forma de punta a un extremo de las piedras o cantos rodados, quedando la parte más gruesa de los mismos para ser agarrada con la mano. Era el hacha de mano. Otros instrumentos de lascas más pequeños los utilizaban como cuchillos, con los que cortaban y preparaban los alimentos; con las puntas conseguían la caza y descuartizaban los animales; con las raederas, perforadores o buriles fabricaban materiales distintos al sílex e incluso con estos últimos hacían grabados en los huesos. La técnica del trabajo de la piedra y del hueso fue evolucionando y se crearon armas como el arco y las flechas, que mejoraban ostensiblemente la caza de animales y por tanto la obtención de alimento. Con las astas conseguían puntas y lanzas más grandes que las fabricadas con huesos y también pequeños arpones.

Mientras, los primitivos pobladores del Ártico fueron verdaderos supervivientes que supieron adaptarse a un medio extremadamente duro y severo. En un paisaje helado, de hielos permanentes, se convirtieron en grandes cazadores puesto que los animales eran su único medio de subsistencia. De ellos obtenían el alimento, las pieles con las que vestirse y la grasa que utilizaban como combustible, pues la única leña que conseguían era la escasa madera que llegaba a la deriva. El alimento principal lo constituía la carne de foca. El cazador se colocaba en las zonas de agua abiertas entre los hielos y allí debía esperar con paciencia, durante bastante tiempo, que la foca sacara su cabeza a la superficie del hielo. Después utilizaba el arpón que había construido tallando una punta de sílex.

El convencimiento de que el mundo estaba lleno de fuerzas extrañas y sobrenaturales, de espíritus que se manifestaban en todo lo que les rodeaba, regía su vida. La relación entre el hombre y la naturaleza era muy estrecha y veían a los animales como seres superiores al hombre. Así veneraban tanto al Sol como al reno o el oso y a los diferentes espíritus de la naturaleza. Para encauzar estas fuerzas mágicas y religiosas confiaban en el brujo o hechicero, la única persona de la tribu con poder suficiente para aplacar, contentar o ahuyentar a los espíritus malignos. Todo un complejo mundo de comportamientos rituales y prácticas animistas surgió entonces alrededor de estas creencias. Pero también creían en espíritus buenos que protegían sus familias y sus tribus.

Las inhumaciones las efectuaban en el suelo, en asentamientos al aire libre. En un primer momento eran individuales, pero después fueron muy normales los enterramientos múltiples. Junto a algunos de los cuerpos han aparecido multitud de objetos de adorno que, junto con las vestimentas que les cubrían, parecen demostrar una ostentación de la posición social que ocupaban dentro del grupo: adornos de cuentas, colgantes y brazaletes; lanzas y bastones de mando de astas grabados y bloques de piedra y lascas grabados con animales y múltiples signos simbólicos. Un arte rupestre muy simple representando figuras humanas y siluetas de animales, como el reno o la ballena, se extendía desde la península escandinava hasta Finlandia y el norte de Rusia.

El hombre continuaba trabajando la piedra pero empezó a utilizar la madera con la que fabricaba canoas, esquíes y botes recubiertos de pieles para desplazarse, y arcos y redes que utilizaban para pescar. Los pobladores seguían utilizando la caza y la pesca como alimento principal, seguían desplazándose en busca de lugares donde abundasen sus recursos alimenticios.

Por ese motivo, los asentamientos eran pequeños y sus estructuras muy simples. En algunos yacimientos de Dinamarca y sur de Suecia se han encontrado restos de poblados hechos con ramas y corteza de árboles y recubiertas con pieles. Todos estos cambios en las condiciones climáticas y ambientales trajeron consigo una nueva posibilidad para los pobladores nórdicos: el aprovechamiento de las tierras mediante el cultivo de cereales, aunque como un recurso secundario y de forma más lenta que en el resto del continente.

Estamos en el Neolítico, alrededor del IV milenio a.C., período en el que se fue generalizando el cultivo de los campos y la cría de ganado y la caza dejó de ser la principal actividad para su subsistencia. Pequeños grupos nómadas llegados de Europa continental, con mayor evolución agrícola, se asentaron en Escandinavia. Utilizaban hachas de piedra para poder trabajar la madera y talar árboles. De esta manera ganaban espacio al bosque para lograr tierras cultivables. Cuando la tierra mermaba su fertilidad, lo que generalmente ocurría después de dos o tres temporadas, los hombres abandonaban el campo y se desplazaban en busca de nuevas tierras, repitiendo el proceso de desboscar las parcelas antes de plantar las semillas o los tubérculos. Es lo que se conoce con el nombre de agricultura itinerante. Al mismo tiempo, fabricaban nuevas herramientas uniendo las piedras pulimentadas en forma puntiaguda a palos de madera o incluso a las astas de los animales para poder trabajar los campos y recoger sus frutos. Así con el hacha desbrozaban la tierra, con las hoces de piedra cosechaban y con piedras redondas o planas conseguían moler el grano y elaborar una especie de masa con la que obtenían panes. Como instrumentos de guerra utilizaban afilados puñales de sílex con características muy similares a los puñales de metal que ya se fabricaban en el centro y sur del continente europeo.

Con el paso del tiempo la población fue aumentado con la llegada de nuevos colonizadores, que se mezclaron con la población autóctona, y surgieron pequeños poblados construidos en chozas de madera o barro que se asentaban en las cercanías de los grandes bosques, principalmente a orillas de los ríos, lagos y fiordos, donde la tierra era más fértil. Aquí los suelos eran menos duros y estaban mejor drenados, de ese modo el hombre realizaba un menor esfuerzo en las actividades agrícolas. Generalmente se cree que este suelo favorable propiciaba un cultivo continuo, no así en los terrenos más duros y secos donde la variedad de cultivos y la alternancia con períodos de barbecho eran más frecuentes. En aquellas zonas donde la tierra era muy pobre los grupos humanos se veían forzados a abandonarlas y a emigrar en busca de otras más propicias donde poder subsistir. Alrededor de la vivienda se encontraban los campos de cultivo y los animales. La mayor parte de estas granjas estaban aisladas, pero se han encontrado algunos asentamientos en los que aparecían formando un pequeño poblado. El frío y la humedad hacían que las viviendas sirvieran también de cobijo para el ganado. En las tierras más fértiles la agricultura itinerante fue dando paso a una agricultura más permanente cuando el hombre empleó la tracción animal como una nueva herramienta de la que se servía para aliviar, en parte, el terrible esfuerzo que les suponía cultivar las tierras con sus propias manos. Así empezaron a domesticar el reno, del que también aprovechaban la leche, la carne y la piel, para realizar las labores agrícolas, como animal de tiro. De las minas obtenían el sílex, que extraían con picos de piedra y con el que construyeron hachas bien pulimentadas que facilitaron, sobre todo, el trabajo con la madera o la victoria sobre otras tribus rivales.

En esta sociedad agrícola y ganadera que ya cultivaba el trigo, la cebada y la avena y utilizaba la cría de animales previamente domesticados, como los cerdos, se desarrolló la cultura de los *vasos de embudos*, llamada así por la forma que presentaba la cerámica realizada con el borde superior inclinado hacia fuera. Esta cultura coexistió durante algún tiempo en Dinamarca con la cultura de los concheros recolectores de Ertebolle, extendiéndose paulatinamente, en un primer momento, hacia el sur y centro de Suecia, para llegar con el paso del tiempo hasta Alemania, Austria, Bohemia y Moravia, en la actual República Checa, mezclándose con sus respectivas culturas indígenas primitivas. Algunos investigadores consideran que la expansión de esta cultura nórdica megalítica hacia las regiones danubianas indoeuropeas fue consecuencia de migraciones hacia el sur buscando un clima más benigno por el progresivo empeoramiento de las condiciones climatológicas que sufrió la Tierra alrededor del I milenio a.C.; para otros, fue consecuencia del crecimiento de la población y el comercio del ámbar hacia Europa central y el cobre, que ya se utilizaba en esas regiones, hacia el norte de Europa, principalmente a través de las grandes vías fluviales de los ríos Elba y Oder.

Aunque las inhumaciones continuaban realizándose en el suelo aparecieron los primeros monumentos megalíticos, piedras verticales que se elevaban hacia el cielo formando una estructura, con un significado religioso, la mayoría de las veces señalaban enterramientos: una gran cámara central, de planta circular o cuadrada, donde se depositaban el cadáver o los cadáveres, se cubría con un túmulo de tierra que rodeaban con piedras siempre en posición vertical. Parece que se trataban ya de sepulcros familiares o de grupos tribales, lo que demuestra que tenían una organización social bastante desarrollada. La cerámica que formaba parte del ajuar funerario estaba bastante decorada con surcos verticales y horizontales, técnica que se conoce como impresión de peines, motivos en zig-zag, etc., incluso algunos vasos aparecían con cuello alto y con asas, perfeccionándose después en las ánforas esféricas nórdicas. También el arte rupestre seguía evolucionando. Las piedras grabadas que se han hallado en Escandinavia muestran escenas de su vida cotidiana, en las que no faltaban los barcos o botes, los combates en mar o en tierra entre tribus rivales y escenas figurativas de animales y humanas, así como símbolos y signos geométricos.

En las regiones más septentrionales la población continuaba encontrando en la caza, la pesca y la recolección de frutos sus principales medios de sustento. Algunos útiles y armas de piedra realizados en el sur de la región y encontrados en los territorios del norte demuestran que ambas zonas mantuvieron algún tipo de relación.

La Edad de Bronce

Hacia el final del II milenio a.C. los pueblos del norte de Europa conocieron los metales. La Historia empezaba una nueva época, llamada la Edad de Bronce, que duró más de 1.000 años y que vino precedida de lo que algunos denominan período calcolítico. No se puede determinar con precisión el inicio de este período, pues no todos los países nórdicos empezaron a utilizar el cobre al mismo tiempo; fue llegando de manera gradual, siendo más tardío en las alejadas y frías regiones septentrionales de la península escandinava. Para fabricar objetos de bronce necesitaban hacer aleaciones de cobre y estaño pero estos minerales eran muy escasos en Europa del norte por lo que necesitaban traerlo sobre todo de las minas de Gran Bretaña y de la Europa central y oriental donde sí era abundante. Este hecho favoreció el aumento del comercio marítimo y el intercambio del estaño continental, cobre y oro, armas de bronce ya elaboradas, incluso objetos de marfil, por el abundante ámbar de las costas del mar Báltico y por su materia prima más abundante, el cuero y las pieles. Esta resina fósil abundaba en las costas del golfo de Kiel, en el estado alemán de Schleswig-Holstein, en la danesa península de Jutlandia y en las costas del golfo de Gdańsk, al norte de Polonia y Rusia. El comercio se intensificó por las costas de Noruega, Suecia, Finlandia, Estonia y norte de Rusia. Por la ruta del Elba y el Oder el ámbar llegó a Europa central y por las costas del mar del Norte hasta Francia y España. También, a través del Vístula, llegó hasta Turquía y Grecia.

Con el bronce fabricaron las armas y también los utensilios de uso cotidiano y las herramientas que les facilitaban la explotación de los campos de cereales que rodeaban sus granjas. Escudos, cascos, cuernos, todo se fabricaba en bronce, aunque monedas, joyas y otros objetos de adorno también se realizaron en oro. En yacimientos daneses se han encontrado multitud de armas de guerra, útiles agrícolas y objetos ornamentales de las diferentes etapas en las que fue evolucionando la cultura del bronce. Hachas con filos planos de bronce, circulares o tubulares, brazaletes espirales, collares de uno o de múltiples aros, alfileres o agujas con una abertura en la parte superior por la que se pasaba una cuerda que se ataba al extremo de la aguja y que prendían las mujeres en sus vestidos, numerosos cuchillos, lanzas con mangos de madera y puntas de bronce, y espadas con empuñaduras macizas de hueso o madera adornadas con discos de cobre. Algunos artesanos fueron verdaderos expertos en el arte de trabajar los metales, con decoración en espirales y círculos concéntricos, y realizaron obras muy elaboradas que se han encontrado en algunas tumbas que debieron pertenecer a ricos y poderosos personajes dirigentes de la sociedad y que representan todo el sentido artístico de los pueblos que dieron forma a la cultura nórdica del bronce. Esta cultura, gracias a las relaciones comerciales, se extendió por el sur de Noruega, Suecia y Finlandia, por toda Dinamarca y por el norte de Alemania y Holanda, entrando en contacto con los nuevos elementos culturales indoeuropeos. Numerosas tribus germanas se desplazaron a finales de la Edad de Bronce hacia las zonas meridionales de Escandinavia y las regiones del norte de Alemania. Como veremos después, se trata de los *germanos históricos*, los habitantes bárbaros de la *Germania* de Tácito, enemiga del Imperio romano.

El investigador Óscar Montelius estableció un sistema cronológico de la evolución de los utensilios y materiales utilizados por las diferentes culturas en el tiempo, estableciendo períodos del I al VI para dividir la Edad de Bronce en la Europa septentrional. Como recoge Bosch Gimpera: *A través de sus relaciones con las demás culturas se establecen sincronismos con las etapas de ellas y se obtiene una cronología absoluta. Los tres primeros períodos son los de la Edad de Bronce propiamente dicha, siendo los IV y V contemporáneos, el primero con la transición a la Edad de Hierro (cultura de los campos de urnas) y principios de la propiamente hallstáttica del apogeo del Hierro, (Hallstatt C, hacia el año 700 a.C.) mientras que el VI es paralelo del último período de Hallstatt (D, hacia el 600 a.C.).*

El sistema general de enterramientos seguía siendo el de inhumación bajo montículos de tierra o piedras, aunque en las regiones situadas al sur de la península escandinava, sobre todo en Jutlandia, y norte de los Países Bajos y Alemania, se apreciaba ya cierta tendencia a incorporar una nueva técnica consistente en la incineración del cadáver depositando las cenizas en urnas que se enterraban en tumbas y que era la cultura dominante y en continua expansión en el final de la Edad de Bronce (hacia el año 1300 a.C.) y durante la Edad de Hierro

Punta de lanza decorada procedente de Vognserup (Zealand). Bronce medio. Museo Nacional de Copenhague.

(alrededor de finales del siglo VIII a.C.) en la Europa central y oriental, que se conoce como *campos de urnas célticos* y la *cultura de Hallstatt* por el lugar del yacimiento hallado en Austria en el siglo XIX. De esta época se ha datado la sepultura encontrada al sureste de Suecia, cerca de la localidad de Uppsala, perteneciente a un jefe; se cree que se trataba del túmulo del rey Björn de Haga, *Björn el de la colina*, de quien hablan las sagas islandesas. En el tronco vaciado de un árbol quedaban los restos quemados del rey; estaba situado sobre restos de carbones en una cámara protegida por postes de madera y cubierta por las piedras que formaban el túmulo. Junto a él quedaban muchos objetos de gran riqueza pertenecientes al ajuar funerario propio de un individuo de gran poder social: botones, espadas con el mango de madera recubierto de láminas de oro, restos de cerámica y de hilos de oro, y objetos de higiene personal como pinzas y navajas, una de ellas con el extremo superior cubierta en oro. Pero también había restos humanos, huesos pertenecientes a tres personas, sin quemar, uno de ellos una mujer que se cree se trataría de su esposa obligada a introducirse en la cámara junto a su marido. Esta tradición que sacrificaba a las mujeres y las forzaba a acompañar a sus difuntos maridos a la pira se mantuvo durante muchos siglos, continuándose su práctica hasta bien entrada la Edad Media. De los restos de la ropa que aparece junto a los cadáveres los investigadores han podido establecer la vestimenta utilizada por los nórdicos del Bronce: las mujeres vestían con largas túnicas con medias mangas que cubrían sus brazos y sobre la saya una falda larga recogida en la cintura con grandes cuerdas como cinturones, que adornaban con un objeto de bronce en forma de disco y del que colgaban algunas veces puñales o cuchillos, y cubrían su cabeza con elaboradas redecillas; los hombres vestían una túnica corta y ceñida, que llegaba hasta la rodilla, y sobre ella una capa, también corta, que sujetaban al cuello y cubrían su cabeza con un gorro. Del cinturón colgaban las espadas o puñales y utilizaban sandalias que ataban con tiras a los tobillos.

La mayoría de las tumbas encontradas tienen una gran cantidad de objetos de bronce y oro por lo que se cree que pertenecieron a jefes o personas de la clase dirigente. Eso vendría a demostrar que ya la sociedad estaría jerarquizada, dominada por una clase social rica y poderosa. La población vivía en granjas, la mayoría aisladas unas de otras, pero también se han encontrado algunas agrupaciones formando pequeñas aldeas con casas alargadas y de forma rectangular con la cuadra adosada a ellas. La presencia de una casa más grande que las demás también parece indicar la existencia de esa clase dirigente.

Pero especialmente importante para conocer la cultura de estos pobladores del norte de Europa son los miles de grabados rupestres encontrados en el condado sueco de Västa Gotaland, en las zonas agrícolas de Bohuslän, Tanum o Vitltycke, que se cree fueron hechos entre los años 1000 y 500 a.C. Los dibujos realizados por los hombres nórdicos de la Edad de Bronce nos enseñan su vida, sus fiestas y ritos, su religión y sus dioses. Las investigaciones arqueológicas realizadas demuestran que la técnica que utilizaban era la de raspar o picar las rocas, dependiendo de la dureza de la base sobre la que trabajaran, con otras piedras con un extremo en forma de punta que actuaban como picos. Estos picos eran fundamentalmente de cuarcita, aunque en ocasiones optaron por trabajar con el granito. Se desconoce si este trabajo, que sin duda requeriría tesón y esfuerzo, era obra de artesanos ocupados sólo en esta actividad o de los campesinos que compaginaban esta labor con las labores de la granja. También se cree que el tallado de estos petroglifos tenía un significado religioso, por las escenas y símbolos rituales relacionados con la vida, la muerte, la otra vida o la fertilidad que representan. Así por ejemplo, abundaban los motivos de pequeñas formas cóncavas, como cazos, que unas veces parecen referirse al sexo femenino quizás como símbolo de fertilidad, otras aparecían distribuidas en la piedra formando parte de una composición geométrica; también se hacían en las tumbas, bien grabadas en la roca o sobre ella, formando parte de lo que se cree un rito funerario. Otro tipo de motivos grabados sobre las rocas son grandes surcos en formaciones simbólicas que parecen tener relación con la fertilidad de la tierra y la técnica del arado.

En el yacimiento de Tanum se han encontrado grabados de carros de dos y de cuatro ruedas que se cree se utilizaban como medio de transporte y como signo de poder en una clase social elevada. No parece que en la península escandinava el carro fuera un arma de combate ni formara parte de los ritos funerarios aristocráticos como ocurría en la Europa central y oriental. Sin embargo, sí tienen relación con ceremonias religiosas en el culto a sus dioses. Así, a principios del siglo XX, apareció en Trundholm, Dinamarca, un carro de bronce de seis ruedas con un caballo que tiraba de un disco de oro colocado en posición vertical que se relaciona con el culto del dios del sol, o el carro sagrado en el que realizaba su viaje la diosa de la fecundidad. Aunque se cree que la cultura nórdica del bronce no tenía templos, en el sentido que nosotros lo entendemos, sí practicaban el culto a sus dioses en aquellos lugares que creían eran sagrados y allí ofrecían sus ofrendas, también humanas e incluso se cree que practicaban el canibalismo ritual. En la provincia de Escania, al sur de Suecia, se han encontrado en un pantano numerosos huesos de animales y humanos que se ha interpretado como procedentes de sacrificios humanos; se han identificado al menos cuatro individuos uno de ellos un niño muy pequeño, y de animales, como zorros, perros, ciervos, jabalíes o bueyes. También se han encontrado numerosos objetos de culto como vasos de oro, hachas votivas, calderos de bronce como el de Skallerup, Dinamarca, dispuesto sobre un carro de cuatro ruedas del que salen dos lanzas a cada lado terminadas en forma de aves, o los cien botes en miniatura que aparecieron en Nors, Dinamarca, que formaban parte de las ceremonias rituales de ofrendas votivas a sus respectivos dioses.

Naturalmente, no podían faltar en los petroglifos las representaciones de los barcos, sobre todo en la zona meridional de la península escandinava, resaltando la importancia que la navegación y las expediciones por mar tenían para estos pueblos del norte. Era lógico, entonces, que la construcción naval fuera evolucionando de tal manera que los viejos troncos de árboles vaciados fueran sustituidos por canoas o botes más ensanchados, reforzados con maderas en sus laterales. Aunque seguían siendo embarcaciones frágiles les servían para navegar con ellas a lo largo de sus costas, comerciar con sus vecinos y cazar animales marinos. Sin duda, su posesión era un símbolo de poder de la aristocracia de la época y de los jefes tribales. Se han hecho muchas interpretaciones del significado de estos barcos en la cultura de la Edad de Bronce nórdica, pero todos coinciden en señalar un significado ritual, religioso y funerario. Aparecen muchas escenas de lo que parecen celebraciones nupciales realizadas a bordo; otras veces son guerreros con sus armas los que viajan en los barcos. También el sol aparece en forma de disco o rueda transportado por el barco en su viaje cuando desaparece de la Tierra: los hombres del litoral observaban cómo el sol se elevaba de Oriente a Occidente y desaparecía en las aguas; entonces creían que comenzaba su viaje en barco por las aguas ocultas hasta llegar a su lugar de salida y comenzar de nuevo el ciclo.

Las representaciones humanas nos muestran figuras muy estilizadas, con largas y delgadas extremidades y diferenciando las figuras masculinas de las femeninas pintando grandes falos y sosteniendo en sus manos hachas, lanzas o cuchillos, o el pelo recogido, bien en trenzas o coletas, respectivamente. Incluso aparecen tocando instrumentos similares a las trompetas, llamados *lur*, en lo que parece una ceremonia ritual. Algunos guerreros llevaban unos brazaletes espirales cubriendo sus antebrazos, quizás como motivos de adorno o con la finalidad de protegerlos en las batallas. Otras veces, grababan sólo algunas partes del cuerpo, siendo las más abundantes las imágenes de pies o las huellas de los pies. Puede que todas estas figuras nos hablen del culto a sus dioses y espíritus, de su organización social y de sus fiestas y prácticas rituales, nos muestren a sus dioses, reyes o jefes o simplemente sean la representación del artesano y de los restantes miembros del grupo. En última instancia, queda abierta a la imaginación la interpretación del oculto mensaje de todas estas imágenes realizadas por el pueblo de la Edad de Bronce del norte de Europa. Sin embargo, en los grupos de cazadores y recolectores que habitaban las zonas más septentrionales de la península escandinava el arte rupestre se manifestaba en imágenes o dibujos mucho más sencillos en los que abundaban las escenas de caza y las representaciones de animales salvajes, como el oso o el reno y las figuras de seres humanos.

Mientras tanto, las regiones situadas al este del mar Báltico, en Estonia, Letonia, Finlandia, Carelia y noroeste de Rusia, desarrollaban sus propias culturas, todavía fundamentalmente neolíticas, aunque con el tiempo fueron recibiendo la influencia del Bronce nórdico y de las culturas siberianas. Los hombres eran cazadores y pescadores, con una agricultura muy poco desarrollada que les obligaba a importar cereales, sobre todo trigo y cebada. Poco a poco fueron capaces de crear una metalurgia local en la que era frecuente la imitación de las piezas del bronce nórdico que recibían gracias al gran desarrollo comercial existente entre los países vecinos del mar Báltico. Muestra de ello, son los descubrimientos realizados en las sepulturas bajo túmulos de piedra encontradas en las diferentes regiones, donde los enterramientos seguían realizándose por inhumación. En ellas, junto a los cadáveres, se han encontrado multitud de objetos pertenecientes al ajuar funerario en el que predominaban utensilios de piedra, hueso y madera, algunas puntas de flechas de sílex, hachas de guerra de piedra aunque también algunos objetos de bronce como brazaletes espirales de un aro o cuchillos y puñales. La técnica del barro también fue evolucionando encontrándose restos de cerámicas con decoración de efectos de cuerdecillas, conseguidos mediante la impresión en el barro de pequeñas cuerdas dispuestas alrededor de un pequeño bastón. Durante algún tiempo coexistió junto a la tradicional impresión de peines pero finalmente acabó por desplazarla.

La Edad de Hierro

La Edad de Bronce finalizó en Europa septentrional alrededor del siglo V a.C. cuando los hombres empezaron a utilizar otro metal: el hierro cuyo uso ya estaba generalizado en el resto de Europa. Lo cierto es que la utilización del hierro en la Europa del norte y en el área de influencia germánica coincide con el último período de la cultura de Hallstatt. Mientras, en Europa central y oriental se producía la transición del último período de la cultura de Hallstatt a la segunda fase de la Edad de Hierro cuya cultura dominante se denomina La Tène por la necrópolis encontrada en esa región suiza. Los grandes movimientos migratorios célticos introdujeron la cultura de La Tène en Europa central, Italia, Gran Bretaña y los países del este de Europa. De forma general los arqueólogos han dividido esta edad en varias etapas diferentes. La primera o Edad de Hierro prerromana que se desarrolló entre los siglos V y I a.C.; la segunda o Edad de Hierro romana desde el siglo I al IV d.C.; la tercera o edad de las migraciones entre los siglos V y VI y el período de la cultura de Vendel entre los siglos VII y VIII.

En la primitiva Edad de Hierro nórdica las armas, que reflejan una clara influencia de la cultura celta, y las herramientas aumentaron su eficacia; los artesanos fabricaron nuevos utensilios, joyas, pieles y cueros con los que comerciaban navegando por el mar del Norte y el Báltico. Su uso se extendió rápidamente, pues el hierro es un mineral que en forma de compuestos químicos se da en todo el mundo y no necesitaba aleaciones como el bronce. Si bien es cierto que no era de muy buena calidad pues en realidad el mineral que abundaba por aquellas tierras era la limonita, un óxido de hierro llamado también hierro del pantano. Donde sí existía el hierro en su forma o estado libre era en la zona oeste de Groenlandia. Trabajar el hierro requería mayor destreza que manipular el bronce, sobre todo conseguir una temperatura adecuada para su correcta fundición. Pero el proceso era simple: una vez calentado en el horno, se separaba el hierro que convertido en bloque era golpeado con el martillo hasta alcanzar la forma deseada. Fundamentalmente lo utilizaban para la fabricación de armas y aperos de trabajo dejando el bronce, el oro y la plata para realizar vistosos aderezos personales.

Como vemos los hombres del norte de Europa en la Edad de Hierro eran cazadores, recolectores, navegantes, agricultores y guerreros, agrupados en pequeños grupos tribales en una sociedad no excesivamente estratificada en las que las contiendas entre bandas guerreras rivales eran muy frecuentes. Se empiezan a formar las primeras agrupaciones de gentes en aldeas, muy pequeñas, al construir los campesinos sus granjas, todas cercadas, más cerca unas de otras y todas de similares proporciones. En el asentamiento de Hodde, en la península de Jutlandia, descubrieron una aldea formada por veintisiete granjas. Cada una estaba rodeada por una valla que encerraba la casa. Ésta era alargada y tenía varias dependencias, incluida la cuadra, y junto a ella otras edificaciones más pequeñas que se cree podían ser utilizadas como granero, herrería o talleres. A su vez, toda la aldea estaba protegida por una valla con puertas para facilitar el acceso de cada granja a sus cultivos. Con el paso del tiempo estas granjas irán evolucionando hasta formar las grandes aldeas con extensas fincas que predominaron a finales de la Edad de Hierro. Evolución que podemos conocer bien gracias a las investigaciones realizadas en las excavaciones en los yacimientos arqueológicos encontrados en los países escandinavos y que nos permiten acercarnos a su forma de vida, sus costumbres o religión.

Hacia el final del siglo V a.C. la cultura de los pueblos del norte, todavía inmersos en la Edad de Hierro, no escapó a la influencia de la cultura celta asimilando algunos elementos decorativos funerarios de la cultura de La Tène, como las armas y las fíbulas que fueron sustituyendo a sus tradicionales agujas o alfileres. Sin embargo, mantuvieron en general su propia cultura autóctona. Por ejemplo, los enterramientos seguían realizándose por cremación en urnas enterradas en sepulcros en las que depositaban algunos objetos funerarios, nada que ver con los riquísimos ajuares funerarios de la cultura de La Tène. Mientras tanto, el pueblo romano ya había hecho su aparición en Europa y consolidaba su conquista del mundo celta extendiendo su cultura y forma de vida: Hispania, la Galia, Italia, las regiones danubianas... iban siendo poco a poco sometidas al poder romano.

Los movimientos migratorios de tribus y pueblos fueron continuos en este período y, a menudo, el desplazamiento de una tribu arrastraba a otras. Los celtas ocuparon prácticamente toda Europa y llegaron a las Islas Británicas; los germanos asentados en el norte de Alemania y en Escandinavia se desplazaron hacia el sur, entrando en contacto con los celtas que se vieron obligados ya a establecer fortificaciones para contener su avance. No se conocen exactamente cuales fueron las razones que impulsaron los desplazamientos de estos pueblos, pero se cree que el empeoramiento del clima hizo que muchos de ellos viajaran hacia el sur en busca de lugares más cálidos y mejores tierras donde plantar sus cultivos y en definitiva procurarse su subsistencia. El contacto con los pueblos indígenas de los lugares a los que llegaban fue unas veces pacífico, asimilándose con sus habitantes, pero otras no, obligándoles a su vez a dejar sus tierras provocando de esta manera desplazamientos en cadena. Así ocurrió con los vándalos, pueblo germano que hacia el siglo V a.C. salió de Jutlandia para asentarse en las regiones regadas por el río Oder, entre Polonia y la antigua Checoslovaquia. También con los marcomanos o suevos, *germanos de la frontera*, cuando alrededor del siglo III a.C., siguiendo el curso del río Saale, llegaron hasta la región de Baviera desplazando al pueblo celta de los boios hacia Bohemia, región de quienes tomó su nombre.

Un siglo más tarde el pueblo germano de los burgundos dejó la isla danesa de Bornholm para asentarse en la Pomerania occidental, al norte de Polonia, donde permanecieron hasta la llegada de otro pueblo germano, los lombardos de la isla de Gotland. Obligados por éstos, se desplazaron hacia el sur de Polonia hasta llegar siglos después al sureste de Francia donde se asentaron en el valle del Ródano, en la región que después tomaría su nombre: Borgoña. Los godos emigraron de la isla sueca de Gotland y de la región suroccidental de Göteborg y se establecieron en la cuenca del Vístula, en Polonia, desde donde llegaron a Ucrania, donde permanecieron hasta la época de los grandes movimientos migratorios de los siglos IV y V de nuestra era. Hacia el año 120 a.C. dos pueblos germanos, los cimbrios y los teutones, que habitaban en la península de Jutlandia (península Címbrica, como la denominaban los romanos) emigraron juntos hacia el sur, parece ser que empujados por una crecida del mar Báltico, que se adentraba peligrosamente en sus costas. En el año 113 a.C. entraron en contacto con el pueblo romano en la región de Norica, al sur de Austria, donde obtuvieron una victoria sobre los romanos en la batalla de Noresa. Ocho años después ambos pueblos se separaron, asentándose los teutones en la Galia hasta el año 102 a.C. donde fueron derrotados por el cónsul y general romano Cayo Mario en Aquae Sextiae, la actual Aix-en-Provence francesa. Los cimbrios llegaron hasta España pero fueron rechazados por los celtíberos que les obligaron a retroceder. Tras ganar algunas batallas contra los romanos llegaron a Italia, donde fueron vencidos definitivamente por Cayo Mario en la batalla de Vercellae, la actual Vercelli del norte de Italia, en el año 101 a.C.

Especialmente importantes son los descubrimientos de los miles de cuerpos humanos y los más variados objetos, en muy buen estado de conservación, que han aparecido en turberas de Dinamarca, como en Tollund, Grauballe, Gundestrup, Silkeborg o Copenhague y que se datan en la llamada Edad de Hierro romana, época en la que hacen su aparición los romanos en la Europa continental. Como sabemos, la turba es un material orgánico compacto, abundante en carbono, que se forma por la descomposición y putrefacción de la vegetación, fundamentalmente de musgos, en el agua. La falta de oxígeno y el ácido húmico del suelo han hecho que la materia orgánica depositada en esas turberas apareciera en un perfecto estado de conservación. De esta forma, además de los cuerpos humanos, se han encontrado en estos yacimientos pantanosos restos de utensilios que utilizaban para pescar o cocinar e incluso restos de animales como ciervos, cerdos, caballos o martas.

Uno de los cuerpos más famosos fue el hallado en el pantano de Bjaeldskovdal, al oeste de Silkeborg en Dinamarca, en 1950. Se le conoce como el *Hombre de Tollund*, porque en esta localidad danesa vivían los granjeros que lo descubrieron: los hermanos Emil y Viggo Hojgard. Se trataba del cadáver de un hombre desnudo, sólo llevaba puesto un gorro realizado en piel y un cinturón, y su cuerpo, de 1,61 metros de altura, estaba tumbado con las piernas flexionadas hacia su abdomen, en posición fetal. Dos profundas cicatrices en sus pies hacen pensar que pasó bastante tiempo descalzo. Su cara conservaba perfectamente sus rasgos personales, las cejas, las pestañas, la nariz y los labios. Tenía una barba de apenas dos días, con lo que se puede afirmar que no se afeitó el día que murió. Conservaba algo de pelo, que presentaba un color rojizo, aunque los investigadores no se atreven a afirmar que fuera pelirrojo, más bien parece que la acción del agua del pantano fue la que alteró el color original de su cabello, acaso rubio. Alrededor de su cuello aparecía la cuerda de cuero trenzada con la que murió ahorcado. Sin embargo, su rostro, con los ojos cerrados, denotaba tranquilidad a pesar del horror que debía ocultar. Los investigadores, gracias a los resultados de las pruebas con carbono 14, consideran que este hombre debió vivir alrededor del año 350 a.C. y que su edad rondaría los cuarenta años. En Graubelle se descubrió el cuerpo de un hombre que murió degollado con múltiples fracturas en el cráneo y en una pierna. También han aparecido en las turberas danesas cuerpos de mujeres como la de Huldremose, descubierta a finales del siglo XIX, que apareció con signos de cortes y heridas en sus miembros, amputado su brazo derecho y cubierta con túnica y falda, o la mujer de Elling, descubierta en 1938, con una larga cabellera y una cuerda de cuero alrededor de su cuello y con el cuerpo cubierto con una capa de piel. De los estudios de los restos de esas ropas los investigadores han podido determinar el tipo de vestimenta que utilizaban estos hombres y mujeres de la Edad de Hierro. Las mujeres vestían túnicas sujetas a los hombros por agujas o fíbulas, de manera similar a las largas y amplias túnicas femeninas de la Grecia antigua. Los hombres utilizaban camisas sobre pantalones con medias y calzado.

Todos los cuerpos tienen un rasgo común: todos esos hombres y mujeres habían muerto de una forma violenta, bien ahorcados, degollados, apuñalados o por importantes golpes en la cabeza y extremidades. Muchos de ellos parece que pertenecían a clases sociales superiores pues sus manos no presentaban callos o signos de duros trabajos manuales, sus pies muestran que anduvieron calzados y sus cuerpos estaban limpios y vestidos. Cuando se trata de dar una explicación para comprender el significado de estos comportamientos no hay una opinión unánime entre los expertos. Para algunos, se trataba de personas ajusticiadas por cometer algún acto no aceptado socialmente como deserción, traición o asesinatos. Para otros, estaríamos ante sacrificios rituales a los dioses de los lagos y de los pantanos a los que arrojaban a los condenados. O quizás eran sacrificios en honor del dios de la guerra: las bandas guerreras que salían victoriosas de la batalla ofrecían a sus dioses los cautivos ejecutados, las lanzas, espadas o botines de guerra. Es el caso del caldero de Gundestrup decorado con placas de plata repujada con representaciones mitológicas en el que aparecen seres fantásticos, animales y hombres. Se piensa que pudo ser realizado por un artesano celta de la Europa occidental o central que llegó a través de las rutas comerciales o quizás fue ofrecido como botín de guerra al pantano o como ofrenda ritual en la ceremonia de culto a los dioses por los pueblos germanos, quizás los teutones y cimbrios, en sus incursiones en la frontera del norte del pueblo romano. Los seguidores de la teoría de que estas muertes se debieron a sacrificios rituales a sus dioses se basan en los restos encontrados en el examen de las vísceras de algunos de los cuerpos, que demuestran la ingesta de una pasta de cereales, trigo, mijo, avena y centeno, mezclado con yema de huevo y múltiples semillas de plantas, entre las que se han encontrado restos de hongos del cornezuelo del centeno que, como sabemos, a dosis elevadas paraliza las terminaciones nerviosas motrices del sistema nervioso simpático. Estos alimentos formarían parte de una comida ritual, con la que el sacrificado era adormecido antes de comenzar el terrorífico ceremonial ritual, a la Madre Tierra, quizás la diosa Nerthus de la que hablaba Tácito, para agradar a la diosa y conseguir que volviese en la primavera para fecundar sus tierras.

En términos generales se considera que la Edad de Hierro finalizó en Europa coincidiendo con el esplendor y máxima expansión territorial del Imperio romano en el siglo I de nuestra era. Los cambios introducidos por este pueblo en Roma, ciudad espejo y modelo cultural, literario, arquitectónico, el desarrollo de la agricultura, la producción artesanal, las obras públicas, la organización administrativa, política, judicial y militar se extendieron a todas las provincias del Imperio. Pero en los países nórdicos, donde no llegó la conquista romana, la Edad de Hierro se prolongó hasta mediados del siglo VIII, en plena Edad Media europea. Sin embargo, no quedaron absolutamente aislados del influjo de los romanos. Se sabe por las obras de Tácito y de Estrabón que guerreros escandinavos sirvieron como mercenarios en el ejército romano. Además, los hallazgos encontrados en Dinamarca como monedas de oro, tesoros, collares, armas, utensilios de uso cotidiano —vasos, cucharas, fuentes, cántaros— y objetos de decoración de refinado estilo artístico, y muchas de ellas grabadas con inscripciones latinas, procedentes del Imperio romano, que se han datado entre los siglos I y V d.C., demuestran la existencia de estrechas relaciones comerciales, tanto terrestres como marítimas, fundamentalmente desde las provincias romanas de la Galia y la Germania Superior. Las relaciones comerciales con el Imperio romano llevaron asociado el contacto de estos territorios con la cultura romana y parece que esta influencia fue decisiva en la nueva organización política, que llevó a la formación, sobre todo en Dinamarca, de núcleos de poder centralizado bajo la soberanía de un jefe o rey. Estos centros, como el de Gudme o Dankirke, además de ser agrícolas, fueron importantes centros religiosos, artesanales y de comercio.

Hasta casi el final de la Edad de Hierro los pueblos escandinavos siguieron cultivando el arte de los grabados rupestres, donde los barcos continuaban siendo uno de los motivos más abundantes y que con más fidelidad reflejaba el tipo de embarcaciones que utilizaban. Una de las más antiguas que se conocen hasta ahora es el llamado *Bote de Hjortspring*, barco encontrado en Alsen, una isla de Dinamarca y que se cree que fue construido hacia el año 300 a.C. Este hallazgo demuestra la constante evolución de la construcción naval nórdica, que progresivamente va alcanzando un mayor desarrollo técnico. Los anteriores botes o canoas, con refuerzos laterales de madera, fueron reemplazados por embarcaciones de tablones ensamblados, con una enorme quilla plana con doble estrave (remate en curva de la quilla) en los extremos, e impulsada a remo, como atestigua el de Hjortspring. Dentro del barco se encontraron 169 puntas de lanzas de hierro y cuerno de cérvidos, 150 escudos de madera, 8 espadas, y diversos objetos como escudillas, cajas de madera, etc.

Del siglo IV es el barco de Nydam una embarcación de madera de encina apta para treinta y seis remeros, de quilla plana y de unos 23 metros de longitud, mucho más grande que las encontradas anteriormente. La quilla plana tenía la ventaja de que mediante la utilización de rodillos las embarcaciones podían transportarse por tierra. Los remos dejaron de ser móviles y aparecían fijados a las bandas de los barcos. La técnica de construcción utilizada era la de tingladillo, o uniones de madera mediante ataduras para asegurar las tablas al armazón, que proporcionaban a la vez una mayor flexibilidad del casco y una mayor resistencia y solidez al barco. En realidad, su función era la de transportar mercancías, pero también, cuando la ocasión lo requería, transportar guerreros y el armamento de la nave era el que formaba parte del equipo que llevaban los hombres. Se puede considerar que las naves de esta época fueron precursoras de los potentes barcos comerciales y navíos de guerra que se desarrollarían siglos después.

En los primeros siglos de la Era cristiana, las sepulturas se hicieron más importantes y lujosas realizándose los enterramientos bajo grandes túmulos que, cuando el personaje tenía elevado rango social, contenía ricos mobiliarios, caballos e incluso barcos. En algunos lugares de Dinamarca se han encontrado tumbas en las que el muerto fue enterrado sin incinerar, rodeado de alimentos y bebidas y de multitud de objetos de uso cotidiano, como platos, tazas, fuentes y escudillas de arcilla si no era rico o de vasijas y vajilla de metal cuando su posición social se lo permitía. Estas tumbas han llamado la atención de los investigadores pues la incineración de cadáveres seguía realizándose de manera generalizada.

La influencia de la cultura celta seguía siendo grande, sobre todo en los germanos occidentales, pues junto a los tipos de cerámica de la cultura de las urnas se trabajaba una cerámica con clara influencia de La Tène. Aparecieron muchas armas y objetos que llevaban inscripciones en caracteres rúnicos, el lenguaje nórdico antiguo. Se desconoce el origen de las runas, que para algunos estudiosos son una derivación de la escritura cursiva griega utilizada por los godos del sur de Rusia y para otros de la escritura latina, incluso otros quieren ver en estos caracteres una evolución de la etrusca. Una de las inscripciones rúnicas más largas de las que se tiene noticias es la grabada en los cuernos de oro de Gallehus, en el sur de Jutlandia, datados hacia el año 400. Se han encontrado también pequeñas imágenes de hombres y mujeres grabados en oro, llamados *guldgubber* u *hombrecillos*, en algunos poblados daneses que se creen eran lugares o centros que ejercían un poder superior. Armas, joyas y otros utensilios fueron decorados con un estilo artístico propio en el que predominaba la ornamentación abstracta con motivos animales: bestias y terroríficas criaturas de los bosques y pantanos, salamandras, cabezas de lobos...

Los hombres seguían subsistiendo de la agricultura, la ganadería, la caza, la pesca y la explotación de los bosques, cuyos frutos servían para alimentar a los animales y la madera era muy valiosa para construir sus naves y sus hogares. En la sociedad de la época había dos clases de personas: los hombres libres, *bondis*, propietarios campesinos o pescadores y los esclavos. Estaban agrupados en tribus o clanes cuyos jefes o reyes eran elegidos sólo por y entre las grandes familias *bondis*. Solía ser el hombre más fuerte, el que más combates ganaba y más veces les llevaba a la victoria sobre sus enemigos. Todos los miembros del clan le debían absoluta obediencia y lealtad. Los conflictos entre los diferentes grupos locales eran frecuentes, lo que les obligó a realizar fortificaciones en sus poblados. En las localidades costeras defendían la entrada de embarcaciones enemigas levantando pilotes de madera unidos entre sí, constituyendo verdaderas murallas defensivas, sobre todo en los más importantes centros marítimos y comerciales. La mayoría de la población se concentraba en la costa y en el interior siempre a lo largo de los cursos fluviales y en comunidades campesinas bastante distanciadas entre sí. Las relaciones entre los clanes se reducía a las uniones para operaciones de guerra conjunta o a uniones matrimoniales. Continuaban con sus tradiciones religiosas paganas de sacrificios y ofrendas a los dioses de los botines obtenidos en la guerra y las cotidianas ofrendas campesinas de pequeños utensilios de barro que arrojaban a los pantanos.

El historiador romano, Publio Cornelio Tácito (55-115) en su obra *Historias* nos da su opinión sobre los movimientos de los pueblos germanos: *Es siempre la misma la causa que hace que los germanos crucen a las Galias: su real gana, su codicia y su afán de cambiar de tierras, para abandonar sus desiertos y pantanos y poseer este suelo tan fecundo y a vosotros también.* También nos habla de la forma de vida y las costumbres de estos pueblos en su obra *Germania*, escrita en el año 98, y llamada así por ser éste el nombre con que los romanos denominaron al territorio que ocuparon las tribus que se desplazaron desde Escandinavia y se asentaron al otro lado de sus fronteras, entre el Rin y el Danubio y entre el mar del Norte y el Báltico: *Mientras los germanos no hacen la guerra, cazan algo y sobre todo viven en la ociosidad dedicados al sueño y a la comida. Los más fuertes y belicosos no hacen nada; delegan los trabajos domésticos y el cuidado de los penates y del agro a las mujeres, los ancianos y los más débiles de la familia, languidecen en el ocio; admirable contradicción de la naturaleza, que hace que los mismos hombres hasta tal punto amen la inercia y aborrezcan la quietud. Es costumbre que espontánea e individualmente las tribus ofrezcan a sus jefes ganado y cereales, lo cual, recibido por éstos como un homenaje, también satisface sus necesidades. Pero ante todo les halagan los presentes que les son enviados de pueblos vecinos, no sólo por particulares, sino también oficialmente, tales como caballos escogidos, ricas armas, faleras y collares [...].*

Es bien sabido que los pueblos germanos no habitan en ciudades, incluso no toleran que las casas sean contiguas. Se establecen en lugares apartados y aislados, en relación con una fuente, un campo o un prado, según les plazca. Las aldeas no están construidas como nosotros acostumbramos, con edificios contiguos y unidos unos a otros; cada uno tiene un espacio vacío que rodea su casa, sea como defensa contra los peligros de incendio, sea por ignorancia en el arte de la construcción. En realidad, no emplean ni piedras ni tejas, se sirven únicamente de madera sin pulimentar, independientemente de su forma o belleza. No obstante embadurnan los lugares más destacables con una tierra tan pura y brillante, que imita la pintura y los dibujos de colores. También acostumbran a excavar subterráneos que cubren con mucho estiércol y que sirven de refugio durante el invierno y de depósito para los cereales, puesto que estos lugares los preservan de los rigores del frío. Y de este modo, si el enemigo aparece, sólo saquea lo que está al descubierto; las cosas ocultas y enterradas o bien las ignoran o bien por ello mismo se les escapan, puesto que habría que buscarlas. Sobre sus costumbres religiosas detalla: *en una isla del mar del Norte hay una floresta sagrada. Allí hay un carro consagrado, recubierto con una envoltura, que sólo puede tocar el sacerdote. Se siente la presencia de la diosa Nerthus, la madre tierra, y con veneración dirige su carro tirado por bueyes [...]. Nadie toma las armas, nadie se dirige a la guerra, todo hierro permanece oculto. [...] Hasta que el sacerdote devuelve a la diosa... a su recinto sagrado. Luego el carro, su envoltura y la diosa son sumergidos en un lago inaccesible. En este servicio ayudan esclavos que a continuación se traga el citado lago. De ahí el secreto horror y la sagrada oscuridad en torno a algo que sólo pueden contemplar los consagrados a muerte.*

En la parte oriental de Escandinavia habitaban los *svear* o *sviones* futuros fundadores del Estado de Suecia, que se extendían a lo largo de las fértiles y boscosas tierras de la costa norte de Estocolmo. Formaban una sociedad fundamentalmente militar en la que debían obediencia absoluta y sin condiciones al rey. Sin embargo, los hombres libres no podían llevar armas habitualmente, pues por mandato real permanecían guardadas y custodiadas por un esclavo y sólo eran repartidas para las batallas. Por esa razón, entre los siglos I y III no existían tumbas con armas, sólo en algunos casos se han encontrado puntas de lanza. Los enterramientos los hacían por incineración en tumbas muy simples, en las que no aparecían utensilios para la comida y bebida del difunto en el Más Allá y en la que el único recipiente encontrado era la vasija de barro que contenía las cenizas del difunto. Sin embargo, en la vecina región de Östergötland los hombres libres sí podían portar sus armas. En las tumbas encontradas en la región se han encontrado puntas de lanza, espadas, escudos y otros utensilios que formaban parte del ajuar funerario. Datadas hacia el siglo IV de nuestra era son las tumbas encontradas en esa región sueca en la que aparecen de nuevo recipientes para la bebida y la comida y huesos de animales, numerosas espadas, escudos, puntas de lanza, cuernos de cristal y otros objetos de menor tamaño. En una de ellas apareció una cazoleta de escudo ricamente adornada en plata en la que los investigadores encontraron restos de letras griegas. Este hallazgo confirmaba las relaciones comerciales entre estos pueblos y los pueblos orientales.

Los siglos IV y V fueron testigos de las siguientes y mayores invasiones de los pueblos germanos. La historiografía señala como posibles causas, entre otras, los grandes cambios climáticos, la búsqueda de mejores tierras que les aseguraran la subsistencia, la desintegración del gran Imperio romano, las guerras con los pueblos vecinos, a finales del siglo III los hérulos fueron expulsados de Escandinavia por los daneses, y también la presión que sobre ellos ejercieron los feroces guerreros hunos. Lo cierto es que en esta época la parte occidental del Imperio romano se encontraba dividida en multitud de reinos germanos. Los godos, que desde las costas polacas se dirigieron hacia las regiones meridionales de Rusia, se dividieron en dos grupos: los ostrogodos que permanecieron al noroeste del mar Negro y los visigodos que se movieron hacia Occidente, estableciéndose en Tolosa y extendiéndose por Aquitania y Septimania hasta asentarse en Hispania donde desarrollaron una cultura muy importante. Pero uno de los pueblos más fuertes y poderosos de entre todos los germanos fueron los francos, asentados en el curso inferior del Rin, que conquistaron los valles del Mosela y del Mosa y que con el tiempo seguirían su expansión hasta convertirse en los dueños de todo el territorio occidental que ocupaba el antiguo Imperio romano.

Así, a finales del siglo V, los pueblos nórdicos que habían emigrado de Escandinavia se hicieron presentes en casi todos los rincones de la Europa continental. Los francos ocupaban el norte de la Galia desde el Loira hasta el Rin; otro pueblo germano, los suevos, habían llegado a la región noroccidental de Hispania; los burgundios se instalaron entre los valles del

Ródano y del Sanoa; los frisios en Frisia, actual norte de Holanda; los alamanes a la derecha del Rin; los ostrogodos y después los lombardos se instalaron en Italia, mientras que Britania fue ocupada por los pueblos escotos y pictios por el norte y por los pueblos anglos, jutos y sajones que atravesaron el Canal de la Mancha, por el sur. Los hérulos del Báltico meridional fueron vencidos por los lombardos. Muchos emigraron de nuevo a Escandinavia y otros muchos se convirtieron en mercenarios al servicio del ejército romano de Oriente. Recordemos a Odoacro, el jefe hérulo que en el año 476 fue aclamado por sus tropas como rey de Italia después de deponer a Rómulo Augústulo, último Emperador romano de Occidente; esto supuso la desintegración definitiva del Imperio romano.

Naturalmente, todos estos nuevos reinos germanos aportaron sus usos y costumbres a las sociedades conquistadas y al mismo tiempo recibieron la influencia de éstas, romanizándose en mayor o menor medida dependiendo de la situación geográfica del territorio ocupado, germanizada en los territorios fronterizos —francos, anglos, sajones, alemanes— y romanizada hacia el sur —visigodos, ostrogodos, burgundios— y de la influencia de la Iglesia cristiana, sobre todo en los visigodos y los francos quienes terminarían fundiendo sus culturas con las de los habitantes conquistados, adoptando incluso su lengua, el latín vulgar, y las instituciones de derecho y administración pública.

Las estructuras sociales y políticas de estos pueblos germanos estaban muy jerarquizadas, basadas en la llamada *soberanía doméstica*, en la que el parentesco era el fundamento de la organización social. El jefe del clan tenía plena soberanía sobre las personas que convivían y trabajaban con él en el territorio en el que estaban asentados, formando un verdadero grupo familiar al que aseguraba protección, a cambio de una fuerte relación de dependencia. Junto a los esclavos convivían los hombres libres, guerreros, que habían prestado juramento de fidelidad a su señor y le seguían con fe ciega formando parte de su séquito o comitiva. Poco a poco, irá surgiendo una nueva nobleza formada por estos guerreros, que permanecen unidos al rey por un juramento de fidelidad, sin duda motivados también por las ganancias obtenidas por el reparto del botín de guerra y la asignación de algunas tierras en propiedad o como beneficio temporal, y por los miembros de su guardia personal.

En un principio, los reyes germanos fueron caudillos o jefes militares elegidos sobre el pavés en asamblea por sus guerreros, algunos elegidos después de alcanzar una gran victoria de entre los jefes de alguna de esas comitivas; con el paso del tiempo la monarquía se haría hereditaria, vinculada a una familia o estirpe, aunque con particularidades en algunos reinos, por ejemplo en el merovingio que tenía un sentido estrictamente patrimonial del territorio, que se repartía entre sus herederos. La historiografía general reconoce dos formas de realeza: la militar, en la que los monarcas basaban su poder en la fuerza que les otorgaban las clientelas militares y sus séquitos o comitivas de hombres libres, y la sagrada, basada en los orígenes divinos de importantes dinastías o linajes que les permitieron constituirse en poderosas realezas. El poder que ejercían los reyes era absoluto sustentado en los lazos personales —como el padre que protege y cuida de su hijo— que les unía con su pueblo. Eran reyes nacionales, *reges gentium*, de ahí su título como *rex francorum*, *rex anglorum*, *rex gothorum*, etc.

En esta época de migraciones los países escandinavos vivieron una agricultura más productiva y un comercio en expansión. Fue un período de cambios sociales y religiosos. En Noruega se han descubierto asentamientos de granjas aisladas dedicadas a la agricultura y ganadería. Las casas seguían siendo largas y rectangulares con varias dependencias más pequeñas y protegidas por muros de piedras. También se han descubierto en sus alrededores cercados de piedra para el ganado. Que el comercio floreció en esta época lo demuestra el descubrimiento de algunos emplazamientos en los que se han encontrado restos de una importante industria manufacturera y comercial. En Helgö, Suecia, han aparecido objetos muy variados que llegaron de países muy remotos: desde monedas de oro romanas hasta una figura de bronce de Buda, que se supone llegó desde el norte de la India, pasando por un báculo de obispo quizás de origen celta. Los moldes para realizar los más variados objetos de adorno dan muestra de la actividad artesana desarrollada en este emplazamiento. Las pequeñas figuras de oro, asociadas a ceremonias de culto como ofrendas votivas, demuestran que también fue un importante centro religioso. Otros emplazamientos presentan características eminentemente defensivas como la fortaleza de Eketorp en la isla sueca de Öland. Este conjunto tiene una muralla circular que rodea cincuenta y tres edificios repartidos alrededor del muro y en un grupo situado en la parte central. Se cree que pudieron vivir cerca de doscientos campesinos distribuidos en unas doce granjas y sus dependencias. Alrededor se encontraban los campos en los que cultivaban los cereales que constituían su sustento: cebada, centeno y avena. Se ha podido comprobar que criaban animales como el caballo, que les servía como animal de tiro, y rebaños de cerdos, ovejas y vacas y que de estos animales aprovechaban su carne, con la leche producían derivados lácteos y con la piel confeccionaban sus ropas de abrigo. Durante el verano el ganado pastaba en los campos cercanos y durante el invierno, se recogían en las cuadras.

En el siglo VII tuvo lugar el movimiento de los pueblos eslavos de la Rusia central, hacia Occidente, asentándose en el curso del río Elba, al norte de la actual Alemania. No era un pueblo de gran tradición mercantil por lo que las relaciones comerciales del norte por los ríos Oder y Elba, en otros tiempo tan florecientes, dejaron de ser importantes. Los comerciantes transportaban sus productos por el Rin y por las costas del norte de Europa, donde los frisones destacaron por su dominio en el tráfico marítimo. Prácticamente, todo el comercio del norte de Europa pasaba por su control. Una de las ciudades que destacó por ser un intenso centro comercial fue Dorestad, fortificada por el franco Pipino contra los ataques enemigos y convertida en importante centro aduanero del reino de los francos. Estos movimientos eslavos junto con los grandes desplazamientos germanos de los siglos III, IV y V tuvieron como resultado un cierto alejamiento de las relaciones culturales de los pueblos europeos, algunos ya cristianizados, con la población germana que había quedado en Escandinavia. La labor de evangelización de la Iglesia no tuvo éxito en estas tierras, por tanto tampoco recibieron influencias de la cultura cristiana. Recordemos que en ese tiempo la Iglesia, además de evangelizar, realizaba una importantísima labor como vehículo de transmisión cultural por medio de los monjes, que eran los únicos que recibían formación intelectual dentro de sus monasterios.

Mientras que los asentamientos humanos fueron disminuyendo en el sur de Escandinavia, no sólo por el empeoramiento del clima sino también por la progresiva destrucción de la tierra con métodos agrícolas inadecuados, la región del sureste de Suecia, alrededor del lago Mälar, vivía momentos de lujo y grandeza con una gran densidad demográfica. La organización de un poder centralizado, que había comenzado en Dinamarca en la etapa anterior, fue evolucionando en la aparición de nuevas y fuertes entidades políticas en la región de Uppland, cuyo centro estaba en Uppsala, conocida como Gamla Uppsala o la Vieja Uppsala, muy cerca de donde se encuentra la actual ciudad con el mismo nombre. Esta ciudad fue la sede del poder político y religioso de los reyes *svears* de este período y sobre tres colinas, *las tres colinas reales*, se han encontrado tres grandes túmulos de alrededor de 20 metros de altura. Acompañaban a los restos incinerados de los dirigentes *svears* una gran cantidad de objetos, de gran riqueza, desde armas y equipamiento militar hasta objetos de cocina, incluso joyas realizadas en oro.

Un comercio floreciente y pacífico, el crecimiento de los asentamientos granjeros que optimizaron la explotación de los pastos y mejoraron el aprovechamiento de la tierra y la producción artesanal consiguieron un período de prosperidad económica en la sociedad de esta época. Allí surgieron importantes centros industriales, comerciales y artesanales como los de Gotland y Birka, que contaban con importantes talleres donde se trabajaba el bronce y el hierro así como el oro y la plata y Helgö que ya había adquirido importancia al final de la llamada Edad de Hierro de las migraciones. Birka fue un gran puerto mercantil donde se desarrollaba un intenso tráfico comercial, de importación y exportación de productos, con los pueblos eslavos, daneses, baltos, fineses y con el Imperio franco y por supuesto también con los frisones, dominadores del comercio del mar del Norte, *mar de los frisones*, como lo denominaba el maestro de la escuela de York, Beda el *Venerable*.

Los yacimientos funerarios encontrados en Valsgärde y Vendel, este último dio nombre a este período, nos hablan de lujosos cortejos de jefes o caudillos *svears* enterrados en sus barcos rodeados de sus armas, cascos, escudos y armaduras, todos muy decorados. A su lado, todo tipo de utensilios como hachas, cuchillos, lanzas o flechas. En su viaje simbólico al Más Allá no podían faltar las viandas y bebidas. Para eso, sus leales guerreros sacrificaban animales: vacas, cerdos, ovejas o patos que disponían en el barco junto con la vajilla, generalmente compuesta por platos y fuentes de madera, vasijas y calderas y vasos y copas para beber hidromiel. Tampoco podían faltar los arreos del caballo y el mismo animal acompañando al caudillo guerrero en su tumba. Toda esta riqueza nos habla del gran poder económico alcanzado por una clase de la sociedad que dominaba al resto de la población y controlaba las tierras de una determinada región. Por eso, estos jefes se enterraban en grandes túmulos situados en colinas siempre al lado del lugar donde se celebraban las reuniones de las Asambleas generales o *Thing*. Junto a estos ricos sepulcros se han encontrado otros en la misma región que contienen bienes mortuorios de escasa importancia y número que debieron pertenecer a la mayoría de la población rural, que no disfrutó de la riqueza y prosperidad que vivieron los habitantes de Vendel.

El gran desarrollo del tráfico marítimo del norte de Europa tuvo que ir parejo con una mayor evolución en la construcción naval. Se tiene constancia de que en esta época se introdujo un nuevo elemento fundamental: la vela. El hallazgo de la nave de Kvalsund demuestra la existencia de un mástil para una vela. Aunque muchos piensan que debieron conocer este aparejo en sus encuentros con los veleros del Imperio romano, lo cierto es que no se han encontrado restos de embarcaciones pertenecientes a aquella época. Hay que resaltar que la utilización de la vela supuso un avance importantísimo para estos pueblos marineros. Ya era posible realizar grandes desplazamientos por alta mar, superar mejor los frecuentes temporales que azotaban los mares, pero sobre todo conseguir velocidades inimaginables para este período. Todo esto era el preludio de la repentina expansión que protagonizaron en el siglo VIII los germanos asentados en territorio escandinavo, que a partir de esta época serían conocidos como vikingos o normandos. Pueblo de comerciantes y navegantes que en dirección oeste llegaron a Islandia, Groenlandia, Inglaterra, centro y sur de Europa e incluso, según algunos, a América; mientras que en dirección este, los suecos se dirigieron al sur y al este del Báltico, al suroeste de Finlandia, y atravesando Rusia llegaron hasta Bizancio, el mar Caspio y Bagdad.

CAPÍTULO II

Los hombres del norte en la historia

Nacimiento de los reinos nórdicos

El mapa político del siglo VIII nos muestra una Europa continental de reinos germanos independientes que luchaban contra el avance del Imperio franco, que había conquistado gran parte de los territorios de la Europa central y occidental; que había sometido a su poder a los frisios del norte y que está en continua lucha contra los sajones y los eslavos de la Europa oriental. Junto al Imperio franco otras dos grandes potencias luchan por imponer su hegemonía: los árabes, en la península Ibérica y el norte de África y el Imperio romano de Oriente, al este del mar Mediterráneo.

Mientras, en Escandinavia los pueblos empezaron a mostrar su identidad nacional: ya se hablaba de daneses, noruegos y suecos. Sin embargo, ninguno de ellos formaba todavía unidad nacional, pues estaban formados por pequeños reinos independientes entre sí pero con rasgos comunes a todos ellos. Suecia ejercía el control del mar Báltico destacando por su importancia y poder marítimo la región de Gotaland y Uppsala por ser la sede de la realeza sueca. Las diferencias entre las principales dinastías suecas hicieron que ningún príncipe pudiera imponerse con resolución sobre los demás. Los intentos de evangelización que desde el siglo VIII llevaban a cabo los misioneros francos no tenían éxito en un país eminentemente pagano. El primer rey que se convirtió al cristianismo y recibió el bautismo fue Olaf Skötkonung en el siglo XI. Tampoco hay señales de un poder centralizado fuerte hasta mediados del siglo XII con el rey Eric IX. Bajo su reinado los suecos comenzaron la invasión de Finlandia que también sufría los ataques de Rusia. Los pueblos que iba conquistando eran obligados a convertirse al cristianismo, por esa razón la Iglesia respaldaba el control sueco sobre los fineses pues veía muy peligrosas las influencias del cristianismo ortodoxo ruso. Las luchas entre suecos y rusos por el control de Finlandia fueron continuas hasta el año 1323 cuando los rusos aceptaron que este país formara parte del reino de Suecia. La hegemonía sueca duró hasta el siglo XIX cuando el zar Alejandro I invadió Finlandia. La dominación rusa terminó en 1917 fecha en la que Finlandia se convirtió en una república independiente.

Dinamarca dominaba el tránsito por el mar del Norte y el acceso a las costas bálticas. Su temible flota recorría las costas de la Galia occidental y del noroeste del reino carolingio desde finales del siglo VIII consiguiendo importantes botines. Carlomagno tuvo que reforzar la defensa de sus costas pero no pudo crear una flota que compitiera con la poderosa flota danesa. A principios del siglo IX, el rey danés Godofredo se alió con los eslavos welátabos y linones para atacar al pueblo de los abroditas, aliado de los francos. Las luchas danesas y francas eran continuas lo que obligó a sus gobernantes a establecer fortificaciones a lo largo de sus fronteras. Godofredo protegió la frontera de su reino con Sajonia, conquistada por los carolingios, levantando el *Danevirke*, una muralla que se extendía desde el mar Báltico hasta la desembocadura del río Eider, en el mar del Norte.

Tras su muerte, y durante mucho tiempo, los jefes de los clanes que ejercían un verdadero poder real dentro de sus territorios, se enfrentaron en cruentas luchas por la sucesión. Lo que no impidió que las incursiones danesas en territorio franco se hicieran más frecuentes y destructoras desde el fallecimiento de Carlomagno. Consecuencia directa de estos ataques en las costas francesas fue la formación del ducado de Normandía. Hacia el año 896, un normando llamado Rollón desembarcó en el norte de Francia entrando en guerra con el rey, Carlos *el Simple* (879-929). Los enfrentamientos duraron años, siendo incapaz el rey de Francia de vencer al ejército vikingo. Para evitar esa situación tan conflictiva Carlos decidió, en el año 911, ceder a Rollón y a sus descendientes un extenso territorio, gran parte del futuro ducado de Normandía, donde se asentaran a cambio de prestarle juramento de fidelidad y con la condición de que todos abrazaran la fe católica y fueran bautizados. Los vikingos de Normandía empezaron a labrar las tierras concedidas, a convivir con los francos occidentales, a asimilar su cultura y, en definitiva, a fortalecer su organización social.

Los centros de poder más importantes se encontraban en el centro y sur de Jutlandia, en torno a Jelling y Haithabu, y en Selandia y Escania, al sur de Suecia. Alrededor de estos centros políticos se fue desarrollando un poder centralizado, un poder real cada vez más estable que llevaría, en el siglo X, a la unificación del reino de Dinamarca durante el mandato de Gorm *el Viejo*, considerado como el fundador de la monarquía danesa. Las piedras rúnicas de Jelling así lo atestiguan: una gran piedra erigida por Harald I *Diente Azul* (c. 940-987) hijo de Gorm, tiene una inscripción rúnica que habla del reino de Dinamarca y la conversión de los daneses al cristianismo. Poco a poco comenzó la evangelización y se empezaron a levantar las primeras iglesias. El propio Harald y su madre Thyra fueron bautizados el año 960 junto con otros miembros de la familia. Su hijo Sven I *Barba de Horquilla* (987-1014) venció a los noruegos en la batalla naval de Helsingborg, en el año 1000, incorporando la parte meridional de Noruega al reino danés. Su hijo Canuto II *el Grande* (994-1035) conquistó Inglaterra en 1013, obligando a salir del país al rey Etelredo. Tras la muerte de Sven, sus hijos Haraldo y Canuto le sucedieron en Dinamarca e Inglaterra respectivamente.

A pesar de haber sido proclamado rey por sus guerreros daneses, Canuto regresó ese mismo año a Dinamarca porque el rey Etelredo había sido reinstaurado por el *Witenagemot*, asamblea consultiva de los reyes sajones. Pero fue por poco tiempo. Al año siguiente, 1015, volvió a Inglaterra conquistando el condado de Wessex. La guerra continuó con Edmundo, hijo de Etelredo fallecido en 1016. En octubre de ese mismo año Canuto consiguió la victoria definitiva en la batalla de Ashington, en Essex. Al mes siguiente, Edmundo falleció y Canuto fue reconocido por los sajones como rey de Inglaterra. Dos años más tarde, en 1018, falleció su hermano Haraldo y Canuto heredó el reino de Dinamarca. En 1028 invadió Noruega obligando al rey Olaf Haraldsson (995-1030) conocido también como Olaf II *el Santo* o San Olaf, a salir del país. La victoria no fue difícil pues contaba con el apoyo de muchos nobles del país, que estaban enfrentados con el rey noruego. Éste regresó dos años después respaldado por un ejército para intentar recuperar el trono, pero fue vencido en la batalla de Stiklestad donde encontró la muerte.

En el año 1030, Canuto *el Grande* había conseguido un imperio: era rey de Dinamarca, Inglaterra y Noruega. Pero la Historia se repite y al igual que había sucedido con otros imperios, el de Canuto quedó dividido a su muerte entre sus tres hijos: Sven en Noruega, Canuto III Hardeknud en Dinamarca y Haroldo en Inglaterra. La unión dinástica de los anglosajones y daneses duraría hasta el año 1042, año en el que los anglosajones proclamaron rey a Eduardo *el Confesor*, hijo de Etelredo II.

Noruega no alcanzó el poder y la influencia de sus vecinos, pero no por eso dejó de tener importancia en el tránsito comercial a lo largo de sus costas y fiordos. No se puede hablar propiamente de un reino noruego pues, políticamente, Noruega estaba dividida en multitud de territorios bajo el poder de príncipes o caudillos militares locales, en constante lucha unos contra otros. A finales del siglo IX, Harald I Harfager, *el de la Hermosa Cabellera* (850-933) consiguió unificar bajo su dominio algunos de esos pequeños reinos, después de muchos años y a costa de numerosas batallas, y crear una única corte. Accedió al trono de Noruega hacia el año 885 después de conseguir la victoria definitiva contra los reyes locales de los reinos de la costa occidental noruega, en la batalla de Hafsfjord. Había aprovechado que numerosos guerreros estaban embarcados en expediciones a remotos lugares y a pesar de que algunos intentaron regresar a Noruega no pudieron impedir la victoria de Harald I. Las medidas adoptadas por el soberano, entre las que se incluían el cobro de tributos a todos los ciudadanos, no fueron bien recibidas por la población, que en buen número decidió hacerse a la mar y emigrar a territorios ya colonizados.

Sin embargo, este proceso centralizador fracasó a su muerte a causa de las continuas luchas por la sucesión entre sus hijos y los príncipes locales. La unidad noruega se hizo efectiva con la subida al trono en 995 de Olaf Tryggvasson (968-1000), Olaf I de Noruega. Durante su reinado impulsó la unificación política, pero apenas tuvo tiempo de realizar su proyecto pues falleció en la batalla de Helsingborg contra los daneses del rey Sven. Entonces, el reino quedó dividido, ocupando el danés Sven la parte meridional del país. Olaf II Haraldsson, *el Santo,* intentó de nuevo la unidad del territorio y la consolidación de un poder real centralizado, pero fue derrotado por el rey inglés Canuto II, cayendo muerto en la batalla. Fue considerado un mártir que luchó por la unificación del reino y el pueblo lo veneró como patrón. Su influencia se extendió a toda Escandinavia, Alemania, Inglaterra e incluso a los países bálticos. Tras su muerte, el país fue gobernado por el danés Sven hasta 1035 cuando subió al trono el noruego Magnus *el Bueno* (1024-1047), hijo de Olaf II quien también ocuparía el trono de Dinamarca en 1042, volviendo a unir los dos reinos bajo una misma corona. En el año 1046 decidió dar la mitad de su reino a su tío, Harald III *el Despiadado,* a cambio de la mitad del importante tesoro que Harald había reunido durante su estancia en Oriente y en sus correrías por todo el Mediterráneo.

En los siglos siguientes tuvieron lugar numerosos enfrentamientos dinásticos. Haakon IV *el Viejo* (1204-1263) accedió al trono en 1217 estableciendo una monarquía fuerte que fue restando poder a los nobles locales. Bajo su reinado Noruega vivió un período de gran expansión con la anexión a su reino de Groenlandia en 1261 y de Islandia en 1262. Sus sucesores fueron fortaleciendo la monarquía estableciendo un poder político cada vez más centralizado. Cuando en 1319 falleció sin herederos el rey Haakon V, ocupó el trono su nieto, el rey sueco Magnus VII. El siguiente monarca en ceñir la corona fue su hijo, Haakon VI, quien se casó con la princesa danesa Margarita (1353-1412). Su hijo Olaf, casi un niño, fue elegido rey de Dinamarca en 1376 tras el fallecimiento de su abuelo y su madre quien gobernó el país en su nombre como Regente. En 1380, el joven Olaf se convirtió también en rey de Noruega tras la muerte de su padre. Pero por poco tiempo porque falleció siete años después de acceder al trono. En ese momento, Margarita fue elegida reina de Dinamarca y Noruega volviendo a estar unidos los dos reinos bajo un único monarca. Como su hijo había fallecido, a falta de herederos directos eligió como su sucesor a su joven sobrino Erik de Pomerania.

Las tensiones con el rey Alberto de Suecia provocaron la deposición del rey en 1389 cuando la mayoría de los nobles suecos apoyaron a la reina Margarita, que fue inmediatamente proclamada reina de Suecia. Por primera vez los reinos de Dinamarca, Noruega y Suecia estuvieron unidos bajo una misma corona. Ese mismo año, Erik fue reconocido como rey de Noruega y en 1389 sería coronado por su tía como rey de Dinamarca y Suecia. Pero Margarita I siguió ejerciendo de hecho como monarca, a pesar del reinado de su sobrino. Y gobernó con firmeza reforzando la autoridad de la corona sobre la presión que ejercía la nobleza, rica y poderosa, que no quería perder su influencia y sus privilegios. Su empeño en mantener unidos a los tres reinos bajo un solo poder central culminó con la creación de *La Unión de Kalmar* en 1397.

El poder se centralizó en Dinamarca quedando Noruega como una provincia administrativa del reino danés lo mismo que Suecia y Finlandia que, como vimos, formaba parte de la corona sueca. Sin embargo, durante el tiempo que duró *La Unión* las guerras entre daneses y suecos fueron muy frecuentes, viéndose los monarcas daneses obligados a demostrar su autoridad frente a la aristocracia sueca que luchaba por su independencia. Y fueron precisamente estas luchas las que provocaron, en 1523, el final del proyecto unificador de la reina Margarita I cuando los suecos, bajo el mando de Gustavo Vasa, se rebelaron contra el rey Cristian II y se separaron de Dinamarca y Noruega. Gustavo Vasa fue elegido rey de Suecia con el nombre de Gustavo I estableciendo desde ese momento una monarquía hereditaria en su país. Dinamarca y Noruega permanecieron unidas hasta 1814 cuando Dinamarca, aliada de Francia, firmó el Tratado de Kiel como consecuencia de la derrota de Napoleón. En virtud de ese tratado Noruega era cedida al reino de Suecia y las posesiones noruegas de Groenlandia, Islandia y las Islas Feroe quedaron en poder de la corona danesa, poder bajo el que continúan, excepto Islandia que obtuvo su independencia en 1944. Por último, el *Storting* o Parlamento noruego proclamó la independencia de su país en 1905, acuerdo corroborado por el pueblo que votó por una mayoría absoluta la separación de Suecia y eligió al príncipe Carlos de Dinamarca como su rey, quien aceptó la corona noruega con el nombre de Haakon VII.

Expansión de los vikingos

Si hay un pueblo en el que la leyenda y la realidad se mezclan sin distinción ése es el de los vikingos o normandos escandinavos que hacen aparición súbitamente en la Historia dando su nombre a una época, desde el siglo VIII hasta el XI de nuestra era. En términos generales, se aceptan dos sucesos fundamentales para encuadrar el principio y final de la época vikinga: el asalto y destrucción del monasterio de Lindisfarne, situado en la isla inglesa de Holy Island, en el año 793 y la batalla de Hastings de 1066, ambos hechos sucedidos, curiosamente, en suelo inglés. Durante esta época la sociedad se fue transformando lentamente: los países escandinavos se convirtieron al cristianismo; hubo un proceso de consolidación interna que dio como resultado la formación de Dinamarca, Noruega y Suecia como Estados soberanos; aumentaron su nivel económico gracias a la riqueza generada por el comercio y las acciones de saqueo; se crearon ciudades que fueron el centro de las actividades comerciales y artesanales y se fue estableciendo una cultura escrita. Aún en el siglo XII conquistaron los países eslavos y bálticos imponiendo por la fuerza el cristianismo a sus habitantes, de la misma forma que había hecho Carlomagno con sus vecinos sajones.

Colonizadores, comerciantes o piratas, pero sobre todo excelentes navegantes, conocedores de los secretos del mar y del arte de la navegación, protagonizaron multitud de expediciones creando el terror y la inseguridad entre los hombres del Occidente europeo y el mundo islámico oriental. Su nombre significa *pirata* («viking») o bien *hombre de la bahía* («vik»), término aplicado en principio a los guerreros que atravesaban los mares y que se hizo extensivo a toda la población germana escandinava, aunque entendemos que no todos los hombres de la Edad Media escandinava se dedicaran al pillaje y la piratería. El Imperio de Carlomagno les designaba como *hombres del norte* («northmanni»); los anglosajones, *danes*; los irlandeses, *hombres de los lagos* («lochlannach»); los germanos les llamaban *hombres del fresno* («ascomanni») y los árabes occidentales *bárbaros infieles o paganos* («mayus»), mientras que para los territorios eslavos fueron los *rus*, de donde deriva el nombre de Rusia, y para los bizantinos y musulmanes orientales, los *varegos*. No distinguían si procedían de Dinamarca, Noruega o Suecia, para Occidente eran simplemente bárbaros, temidos extranjeros con leyes, cultura, lengua y religión diferentes a las suyas.

No hay unanimidad entre los investigadores para explicar las causas que motivaron el inicio de la era vikinga, es decir la expansión de daneses y noruegos hacia Occidente y de suecos hacia Oriente a finales del siglo VIII. Y entre otras razones porque los documentos con los que cuentan están escritos por los contemporáneos de los normandos, que describen sus formas de vida, sus actos de pillaje desde la óptica del enemigo o de la víctima unas veces y otras desde el ensalzamiento de sus virtudes en los reinos establecidos en los territorios que ocupaban o por las sagas islandesas del siglo XIII, mucho tiempo después de que todos estos acontecimientos sucedieran. Algunos, como el escritor alemán Adam de Bremen (c. 1075) opinan que la miseria y la pobreza fruto del aumento de población, del escaso aprovechamiento y rendimiento de las tierras y de mortales epidemias, fueron las causas fundamentales de estos movimientos. Desplazamientos que fueron unos, puramente migratorios y colonizadores en busca de mejores tierras de cultivo donde asentarse, y otros, temporales, viajes cortos para buscar los recursos necesarios que aseguraran su subsistencia, bien mediante actividades comerciales o por actos de piratería. En estos casos, el método era siempre el mismo: ataque por sorpresa, saqueo y expoliación para embarcar de nuevo y retirarse a sus lugares de partida. Otros, añaden el espíritu de aventura, el deseo de gloria o la codicia por encontrar mejores tierras y tesoros y riquezas occidentales con los que los jefes también pudieran hacer frente a las obligaciones contraídas con sus guerreros. Algunos opinan, como señala Rudolf Simek que *sólo una interpretación en la que se tengan en cuenta múltiples causas puede explicar el origen de la era vikinga.* Además de las anteriormente expuestas *conviene no olvidar*, dice Simek, *su gran tradición marinera, el desarrollo de veloces embarcaciones de vela y una sólida estructura social que permitía una eficiente organización de las tripulaciones en torno al principio de jerarquía de mando y al reparto del botín como requisitos imprescindibles para el éxito de las incursiones. Sin olvidar otros factores como los problemas hereditarios del trono danés a finales del siglo* VIII *o las rivalidades por el poder y las luchas internas en el*

Imperio carolingio tras la muerte de Carlomagno, debilidades aprovechadas tanto por los guerreros normandos en sus incursiones de saqueo como por los colonizadores.

Aunque la aterrada población que sufría los ataques de *los hombres del norte* no distinguía si venían de Suecia, Noruega o Dinamarca, los vikingos eligieron dos vías diferenciadas para su expansión o emigración. Los varegos o suecos decidieron mirar hacia Oriente con cuyos territorios venían manteniendo relaciones comerciales; atravesaron el mar Báltico hacia Finlandia asentándose en la región de Novgorod y en los alrededores del lago Ladoga. Utilizando la vía fluvial que les proporcionaba el río Dniéper atravesaron las estepas de Rusia hasta el mar Negro desde donde llegaron a la parte oriental de Europa e incluso a Constantinopla. Los noruegos navegaron por el mar del Norte hasta las islas del océano Atlántico, llegando hasta Escocia, Groenlandia, Irlanda, Islandia y los archipiélagos de las Feroe, Hébridas, Orcadas y Shetland. También llegaron al norte de Escandinavia y penetraron en el helado territorio indígena de los pueblos que habitaban la zona ártica y subártica para obligarles a pagar tributo. Los vikingos daneses se dirigieron hacia Inglaterra y a los territorios del norte del Imperio carolingio, sobre todo a la región de Frisia y norte de Francia. Con sus ligeras y veloces embarcaciones se desplazaron por los ríos del Imperio, Elba, Rin, Sena y Loira, alcanzando y saqueando ciudades tan importantes como Hamburgo, Colonia o París. Su expansión llegó hasta España donde, después de saquear las costas asturianas y gallegas y atravesar Portugal, llegaron a Cádiz y a Sevilla remontando el río Guadalquivir. Continuaron por el mar Mediterráneo saqueando Mallorca y el norte de África y llegaron hasta el sur de Italia.

Inglaterra

Aunque en el año 793, con el asalto al monasterio de Lindisfarne, se data el comienzo de la era vikinga las incursiones de pillaje contra Inglaterra se venían produciendo con anterioridad. Los hombres venían por el mar, atacaban por sorpresa, se apoderaban del botín y se retiraban rápidamente dejando tras de sí el caos y la desolación. El rey Offa de Mercia levantó fortificaciones a lo largo de sus costas para defenderse de las incursiones de los paganos del norte.

La *Crónica anglosajona* describe este ataque como uno de los terribles presagios que anunciaban la muerte del rey Offa y del papa Adriano I que, efectivamente, murieron un año después: *En el año 793 terribles símbolos se presentaron en Northumbria y aterrorizaron a los hombres. Se vieron fuertes torbellinos y relámpagos por el aire y dragones que escupían fuego. Luego sobrevino una gran hambruna y después, ese mismo año, el 8 de junio, unos paganos devastaron la Iglesia de Dios en Lindisfarne, saqueando y asesinando.*

Desde esa fecha, cuando llegaba el buen tiempo, se hizo habitual que grupos de guerreros vikingos se hicieran a la mar para atacar las costas inglesas, saquear los monasterios, asesinar a los frailes y apoderarse de sus tesoros. Constituían, sin duda, una presa fácil que apenas les ofrecían resistencia. Mientras tanto, los campesinos vivían aterrorizados por la crueldad de esos guerreros paganos que destruían sus granjas, arrasaban sus cosechas y les quitaban su dinero. Estos actos de pillaje se sucedieron hasta finales del siglo IX cuando los vikingos ya no se retiraban después de sus ataques sino que empezaron a establecer primero, pequeños asentamientos y después, llevaron a cabo una intensa colonización, sobre todo de la parte oriental de Inglaterra. Poco a poco, estos grupos vikingos, fundamentalmente daneses, fueron uniéndose y formando un gran ejército con la intención de conquistar Inglaterra que se encontraba dividida, desde el siglo VII, en siete reinos: East Anglia, Essex, Kent, Mercia, Northumbria, Sussex y Wessex. La conquista de Inglaterra se inició en el año 865 cuando un gran ejército danés ocupó Northumbria. Poco después, conquistaron Mercia y Wessex y hacia el año 876 el condado de York.

La autoridad real se veía incapaz de contener los ataques vikingos, cada vez más fuertes y frecuentes. La población se sentía indefensa y buscaba la protección de los grandes señores, de la nobleza y de los gobernantes locales, que levantaron fortificaciones y castillos para la defensa de sus territorios. La resistencia anglosajona fue encabezada por el rey de Wessex, Alfredo *el Grande*, quien en el año 878 y después de numerosos enfrentamientos pudo vencer al rey danés Guthrum en Edington al que obligó a convertirse al cristianismo y recibir el bautismo. Ambos soberanos firmaron el Tratado de Wedmore por el que se dividía Inglaterra en dos reinos: desde el sur hacia el oeste con el reino de Wessex, que quedaba bajo el poder de Alfredo, y el *Danelaw*, territorio que se extendía desde el norte hasta el este y que comprendía los reinos de Northumbria, Mercia y East Anglia bajo el mando danés. El poder cada vez más fuerte de Alfredo y sus grandes éxitos como brillante estratega consiguieron detener la invasión vikinga y recuperar, años después, gran parte del reino de Mercia y Londres. La reconquista de los territorios del Danelaw que iniciara el rey Alfredo fue continuada por sus hijos, Eduardo y Edgardo, y los descendientes de estos y finalizó en el año 955 cuando fue expulsado el último rey vikingo.

Sin embargo, los ataques escandinavos se recrudecieron por la costa occidental inglesa. El rey danés Sven realizó numerosas campañas contra el rey inglés Etelredo, al que obligaba a pagar grandes cantidades de plata, como tributo, *danegeld*, a cambio de la paz. Naturalmente, estas cantidades eran recaudadas entre la población campesina que vivía sometida a las penalidades del campo, aterrada por los ataques de los vikingos y abrumada por el pago de unos impuestos abusivos. Hacia el año 1012 los vikingos regresaron a Inglaterra, sostuvieron algunas luchas y se retiraron de vuelta con otro sustancioso botín de monedas de plata. Furioso de impotencia Etelredo ordenó la muerte de todos los daneses que vivían en Inglaterra. La respuesta no se hizo esperar y una nueva flota vikinga invadió la isla. En esta ocasión el tributo pedido fue mucho más elevado. Canuto *el Grande*, hijo de Sven, continuó la conquista de Inglaterra, iniciada por su padre, y la terminó en el año 1013. En esa fecha se proclamó rey de Inglaterra y expulsó a Etelredo de su país. La dominación danesa no fue efectiva más allá del reinado de Canuto, pues su heredero, su hijo Haroldo, murió pronto y los anglosajones aprovecharon la ocasión para proclamar a un inglés como su rey: Eduardo, hijo de Etelredo.

Pero Eduardo murió sin descendencia en 1066 y su hombre de confianza y lugarteniente, el conde Haroldo de Wessex, fue reconocido como rey de toda Inglaterra. Inmediatamente, Guillermo *el Conquistador*, duque de Normandía y primo de Eduardo y el rey de Noruega, el vikingo Harald III *el Despiadado*, hicieron valer sus aspiraciones al trono inglés. La situación de Haroldo era muy preocupante pues dos poderosos ejércitos estaban preparados para desembarcar en la isla: los vikingos de Harald por el norte y los normandos de Guillermo por el sur. Primero llegaron los vikingos noruegos que atacaron y saquearon la ciudad de York haciéndose, como era habitual, con un rico botín. Pero las tropas de Haroldo contraatacaron y vencieron a los noruegos en la batalla de Stampfordbridge, muy cerca de la ciudad de York, en la que el pretendiente noruego cayó muerto, terminando las aspiraciones vikingas a la corona inglesa. Pero Guillermo, antes de entablar batalla, decidió buscar el apoyo de las máximas autoridades del momento, el Papa y el Emperador. Para ello, envió embajadas a los dos dirigentes esperando que reconocieran su derecho al trono inglés. Y lo obtuvo. El papa Alejandro II le dio su apoyo y bendición enviándole un estandarte consagrado y el emperador Enrique IV le prometió la ayuda germana. Contando con la sanción papal y el respaldo del Emperador la empresa parecía fácil, a pesar de la reciente victoria sajona sobre la amenaza vikinga. Guillermo consiguió formar un gran ejército con sus vasallos, los barones normandos y los soldados que acudieron de todos los rincones de Francia ávidos de la riqueza, las tierras y los títulos que les fueron prometidos como recompensa si conseguían la victoria.

En 1066, las tropas de Guillermo vencieron a las inglesas en la batalla de Hastings, donde Haroldo cayó muerto. Sin rey y con un ejército vencido, el pueblo apenas puso resistencia a la conquista del normando y la mayoría de las ciudades se rindieron sin luchar. Guillermo, descendiente de vikingos, fue coronado rey de Inglaterra, el día de Navidad de ese mismo año, en la abadía de Westminster por Ealdred de York. La importancia que esta batalla tuvo para la historia de Inglaterra hace que sea comparada con la coronación de Carlomagno, siglos atrás, y que ambos acontecimientos sean considerados como los hechos más importantes de la Edad Media. A partir de ese momento se puede decir que Gran Bretaña se convertía en un Estado medieval. Y es que Guillermo convirtió un país sin sentido de unidad, desorganizado y con la autoridad real debilitada en una fuerte monarquía, en un reino unido y firme bajo su poder rodeado de los grandes señores y nobles que le habían ayudado en la victoria. Pero sobre todo, terminó con la influencia de la comunidad escandinava en la isla al dirigir a Inglaterra hacia Europa occidental. Desde entonces, numerosos topónimos en aldeas y ciudades reflejan la importancia de la presencia danesa en la isla durante el siglo X. La conquista de Inglaterra por Guillermo de Normandía quedó narrada en imágenes en el tapiz de Bayeux, siguiendo la costumbre escandinava de grabar sus historias en los más variados objetos.

Hacia el Oeste

El Imperio franco no se libró de las expediciones vikingas danesas. Ya en tiempos de Carlomagno los ataques de saqueo, sobre todo en las costas de Frisia, fueron esporádicos y más o menos rechazados por los francos, pero tras la muerte del Emperador los ataques se recrudecieron y fueron cada vez más frecuentes. La orografía era aliada de los vikingos, que se desplazaban con comodidad a través de los grandes ríos que atravesaban las ricas regiones del norte y oeste de Francia y la debilidad del Imperio carolingio, ocasionada por las luchas y rivalidades entre los sucesores de Carlomagno, también. Debilidad y división interna que fue aprovechada al máximo por los expedicionarios daneses. De hecho, algunos gobernantes locales o los mismos reyes hicieron pactos o se aliaron con alguno de los grupos vikingos, haciendo de sus caudillos vasallos o señores feudales, para conseguir sus aspiraciones políticas e incluso para protegerse de los ataques de otros ejércitos vikingos. Utilizando las vías fluviales del Garona, Loira y Sena, que constituían importantes medios de comunicación y ricas rutas comerciales, se introdujeron en el interior del Imperio. En estos casos, las acciones vikingas no se quedaban en ataques a ciudades o monasterios sino también a las embarcaciones de transporte o comercio que se desplazaban por los ríos. Solían establecer sus campamentos en las islas más cercanas a las costas o, si penetraban en el interior y se alejaban demasiado, buscaban lugares próximos a los ríos donde levantaban refugios fortificados. En cualquier caso, buscaban emplazamientos que tuvieran una buena red de comunicación acuática por la que desplazarse, tanto para atacar como para retirarse.

En Alemania atacaron Dorestad, una importante ciudad comercial situada en una isla en la desembocadura del Rin; años después, una gran flota vikinga remontó el río Elba y llegó a Hamburgo, sede episcopal. Los daneses robaron todo lo que encontraban de valor, saquearon, destruyeron e incendiaron iglesias y monasterios y muchos habitantes perdieron la vida. Tras la destrucción, la sede episcopal fue trasladada a Bremen. Aquisgrán, sede del poder real carolingio, tampoco escapó a los actos de rapiña vikinga, ni siquiera el Palacio Real ni la capilla donde fuera coronado Carlomagno. Sin embargo, no pudieron penetrar con más intensidad en el interior del país.

Desde el año 840 las ciudades del valle del Loira y del Sena sufrieron los asaltos de las poderosas flotas vikingas. En el año 845 la ciudad de París fue saqueada por primera vez. En esta ocasión, el rey de Francia Carlos II *el Calvo* (823-877), después de que sus tropas sufrieran una importante derrota, tuvo que pagar una elevada cantidad de plata como tributo para que el jefe vikingo abandonara el Sena. Carlos III *el Gordo* (839-888) sufrió el sitio de París durante más de un año y sólo después de pagar un poderoso rescate a los daneses consiguió liberar la ciudad. Bajo el reinado de Carlos *el Simple* las invasiones vikingas se multiplicaron y los francos se veían incapaces de organizar una efectiva resistencia en sus costas contra las acciones de pillaje. Hacia el año 878 un gran ejército danés, que había sido rechazado por el ejército del rey Alfredo, desembarcó en las costas del norte de Francia. En este territorio actuaron a sus anchas durante algunos años sin encontrar una fuerte resistencia que lograra expulsarlos definitivamente del país. En 884 volvieron a sitiar y atacar París pero fueron rechazados por el conde Eudes. Los sistemáticos ataques vikingos duraron algunos años más hasta que el rey Carlos, en 911, negoció con el caudillo vikingo Rollón la cesión de un territorio sobre el Canal de la Mancha, que colonizarían a cambio de garantizar su lealtad al rey y su ayuda y colaboración contra los ataques de otros pueblos escandinavos. Con la constitución del condado de Normandía, convertido en ducado a partir del siglo XI, se pueden considerar finalizadas las expediciones vikingas en Francia. A partir de ese momento, en el territorio francés de *los hombres del norte*, se fueron sentando las bases para la formación de un reino vikingo estable que fue adaptando las instituciones francas a sus tradiciones y costumbres. Descendientes del vikingo Rollón extendieron el dominio escandinavo en Europa con la conquista de Inglaterra, poniendo fin a la presencia vikinga en la isla.

España

No se conoce con exactitud si fueron vikingos daneses o noruegos los que arribaron a las costas asturianas y gallegas, pero lo cierto es que las costas del norte de España sufrieron cuatro grandes oleadas de invasiones vikingas: la primera se data hacia el año 844, la segunda entre los años 859 y 862, la tercera entre 968 y 970 y la cuarta y última a principios del siglo XI.

Siendo rey de Asturias Ramiro I (842-850) los escandinavos saquearon varios pueblos de las costas asturianas. Tras ser rechazados en la playa de Gijón se dirigieron a continuación hacia el oeste hasta llegar a La Coruña. Allí, el ejército del rey inflingió una severa derrota a la flota vikinga que se retiró hacia las costas de Portugal, donde saquearon Lisboa. Siguieron viaje hacia el sur y llegaron a la desembocadura del río Guadalquivir. Allí se separaron y mientras unos tomaban Cádiz, la mayoría siguió el curso del río hasta llegar a Sevilla en octubre de 844. La ciudad fue saqueada pero las tropas del emir de al-Andalus, Abd al-Rahman II, acudieron en su ayuda y tras una cruenta batalla, en la que numerosos *mayus* fueron hechos prisioneros, consiguieron la victoria, obligando a los escandinavos a replegarse hacia Cádiz. Para prevenir otros ataques de los fieros invasores paganos, el emir ordenó que se construyeran fortalezas a lo largo de los ríos y del litoral marítimo, así como atarazanas o astilleros para construir más naves y reforzar la flota con la que defendería las ciudades y aseguraría las comunicaciones comerciales entre las costas del reino de al-Andalus. También en las tierras asturianas y gallegas se empezaron a levantar torres y fortificaciones en sitios estratégicos que permitieran avisar de la presencia vikinga y evitar, en la medida de lo posible, los peligrosos ataques por sorpresa.

Bajo el reinado de Ordoño I (850-866) tuvieron lugar nuevas incursiones en las costas de Galicia donde, según dicen las crónicas, los hombres del lugar se defendían arrojando flechas incendiarias a las temidas naves vikingas. Hacia el año 859 una poderosa flota formada por, al menos, sesenta y dos navíos y encabezada por el caudillo Hasting organizó una de las acciones de pillaje más importantes de la época. Remontando la ría de Arosa y aprovechando las numerosas playas, desde donde podían preparar los ataques, llegaron a la rica sede episcopal de Iria Flavia, que fue devastada. Tras los saqueos de las iglesias, los clérigos huyeron a refugiarse en la cercana ciudad amurallada de Santiago de Compostela donde, después de estos ataques, el cabildo decidió que fuera trasladada la sede episcopal. Santiago sufrió el sitio de los vikingos que no renunciaban a penetrar en la ciudad en busca de sus tesoros, a pesar de haber recibido un importante tributo. Después de algunas batallas los gallegos consiguieron levantar el asedio de la ciudad y expulsar de sus murallas a los invasores que, continuando con sus viajes de saqueo, descendieron a lo largo de las costas portuguesas hasta Algeciras. Incendiaron y destruyeron esta ciudad antes de atravesar el estrecho de Gibraltar para llegar al norte de África, donde devastaron numerosas ciudades de las costas de Marruecos, apoderándose de víveres, tesoros y rehenes que luego serían vendidos en el comercio de esclavos, dejando atrás una población sumida en el terror. Volvieron a cruzar el Estrecho y llegaron a las islas Baleares desde donde, después de devastarlas, regresaron a la Península y remontando el río Ebro llegaron al reino de Navarra, donde hicieron prisionero a su rey, García Íñiguez, al que liberaron después del pago de un cuantioso rescate. La flota vikinga continuó su viaje de terror por el golfo de León, en el sur de Francia, llegando incluso a las costas italianas.

A finales del siglo X incursiones vikingas desde la cercana Normandía francesa, asolaron otra vez las costas gallegas, tan atrayentes para los ávidos guerreros por sus importantes iglesias, monasterios y catedrales. La inestable situación política que vivía el reino de Galicia, provocada por la rebelión de la nobleza gallega contra el rey Ramiro III, proporcionó el éxito de los invasores, que se movieron con mucha facilidad por toda la comarca de la ría de Arosa, que sufrió el incendio y destrucción de numerosas aldeas y ciudades.

A principios del siglo XI la parte norte del territorio gallego, tan acostumbrada a los ataques vikingos, había mejorado notablemente sus defensas, pero no así en el suroeste que resultaba más vulnerable, circunstancia que fue aprovechada por los nuevos invasores que intentaron penetrar hacia el interior de Galicia remontando el río Miño. Algunos historiadores creen que el propio rey de Noruega, Olaf II *el Santo,* antes de ocupar el trono fue quien, al mando de una poderosa flota, dirigió esta nueva expedición a territorio gallego, *Jakobsland* o tierra del apóstol Santiago. Con sus ágiles embarcaciones y estableciendo campamentos a lo largo del río llegaron a Tui, Pontevedra, donde el ejército local no pudo responder al ataque sorpresa vikingo y la ciudad fue saqueada y destruida y muchos de sus habitantes fueron hechos prisioneros, incluido el obispo. El rey de León, Alfonso V (999-1028) acudió con su ejército para defender el territorio y tras varias batallas consiguió expulsarles. Al mismo tiempo, encargó la fortificación de la ciudad para prevenir futuros ataques. Sin encontrar apenas resistencia la flota vikinga recorrió todo el territorio sur de Galicia y norte de Portugal destruyendo y apoderándose de importantes botines.

Con el paso de los años se repitieron los viajes de los vikingos normandos, noruegos y daneses a la costas españolas, pero ya no como invasores sino como peregrinos. Convertidos al cristianismo, realizaron peregrinaciones al sepulcro del apóstol Santiago en Compostela y a las ciudades santas de Roma y Jerusalén. Los cruzados escandinavos se detenían en las costas españolas en sus viajes contra los infieles, pasaban allí el invierno y aprovechaban para honrar y venerar el sepulcro del Apóstol. Pero también las aspiraciones políticas motivaron relaciones entre los reinos de Castilla y León y Noruega. En el año 1258 se celebró en Valladolid la boda de la princesa Kristina, hija del rey noruego Haakon IV *el Viejo,* con don Felipe, infante de Castilla y hermano del rey Alfonso X *el Sabio.*

El rey castellano aspiraba al trono del Sacro Imperio Romano Germánico como descendiente directo, por línea materna, de la nobiliaria familia Hohenstaufen: su madre Beatriz de Suabia era hija del emperador Felipe de Suabia. Concertando el matrimonio de su hermano con la princesa noruega, Alfonso X creía hallar en el rey noruego un buen aliado en sus aspiraciones al trono alemán. Actualmente, el sarcófago de la princesa Kristina se halla depositado en el claustro de la colegiata de Covarrubias (Burgos). Una estatua de la princesa escandinava, donación de la ciudad noruega de Tønsberg a la villa de Covarrubias, conmemora su estancia en la ciudad. Como consecuencia de este hecho histórico, en 1992 se creó en Madrid la Fundación Princesa Kristina de Noruega, cuyo objetivo fundamental es presentar la cultura noruega en España y promover el intercambio cultural entre los dos países.

La presencia vikinga también ha dejado huella en nuestras tradiciones y festejos, sobre todo en Galicia. En Catoira, una localidad pontevedresa situada en la desembocadura del río Ulla, en la ría de Arosa, que sufrió los feroces ataques y saqueos vikingos, se conmemora cada primer domingo de agosto la llegada de la flota vikinga a sus costas en los siglos X y XI. En la Romería Vikinga, fiesta declarada de Interés Turístico Nacional, los habitantes simulan el desembarco de un navío, réplica de los utilizados por los invasores, y la defensa que de la ciudad hicieron los valientes nativos desde las Torres del Oeste. Este baluarte, llamado *Castellum Honesti*, fue construido bajo el reinado de Alfonso V para defender la ciudad de los continuos saqueos que sufría. Cuenta la tradición que el vikingo Ulf *el Gallego* no pudo traspasar las Torres del Oeste y cayó derrotado a las puertas de Catoira. Furioso por el desastre, lanzó una maldición a los vencedores habitantes de la ciudad según la cual cada año sus descendientes volverían para destruir Catoira y a sus habitantes. La fama de esta fiesta ha traspasado nuestras fronteras y desde el año 1993, Catoira está hermanada con la ciudad danesa de Frederiksund que participa en los festejos. Naturalmente, después de la batalla, la fiesta continúa y los visitantes disfrutan de la música popular y de su rica gastronomía.

Irlanda

Hacia el año 795, comenzaron los saqueos vikingos de las costas de Irlanda y de la isla de Man, que se sucedieron más o menos a la vez que en Escocia e Inglaterra. En la pequeña isla de Man, situada en el mar de Irlanda entre Inglaterra e Irlanda del Norte, los vikingos apenas encontraron resistencia de la población para colonizarla, permaneciendo bajo el gobierno de Noruega hasta el siglo XIII, fecha en la que se cedió a Escocia. Como siempre ocurría cuando llegaban a un nuevo territorio los colonos empezaban una vida manteniendo sus leyes y costumbres escandinavas pero mezclándose con la población autóctona. Aún son visibles los restos de la colina del *Thing*, donde se reunían en asamblea y numerosas piedras rúnicas, con escenas de mitología, inscripciones y motivos zoológicos nórdicos, dejan constancia de la presencia escandinava en la isla.

Irlanda, que no estuvo bajo la influencia del Imperio romano, había sido cristianizada en el siglo V por San Patricio. Los monjes fundaron numerosos monasterios y de la isla salieron muchos misioneros, como San Columbano, que ejercieron una importante labor evangelizadora en la Europa continental fundando monasterios tan importantes como el de Lexeuil en Francia o el de Bobbio en Lombardía. También muchos monjes eremitas irlandeses se desplazaron a lo largo de la isla, incluso viajaron a otras islas como las islas Feroe o Islandia, en busca de soledad. Y fueron precisamente estos monasterios los que sufrieron a finales del siglo VIII la aparición de las temibles naves vikingas. Sus guerreros atacaron por sorpresa y consiguieron hacerse con los ricos tesoros que guardaban en su interior. Pero los ataques más importantes sobre Irlanda se efectuaron en el año 840 cuando el caudillo noruego Turgeis desembarcó por sorpresa en el norte de la isla y avanzó hacia el oeste devastando todas las regiones que atravesaba, sin encontrar apenas resistencia, envueltas como estaban en luchas tribales entre jefes locales y reyes rivales. La estructura social irlandesa estaba organizada alrededor del clan cuyo jefe era elegido entre los miembros de la familia más influyente y poderosa. Cada provincia irlandesa contaba con su propio rey, por encima de todos ellos estaba el *ardri* o monarca cuyo centro de poder estaba situado en el actual condado de Meath, en la provincia oriental de Leinster. Y esta debilidad interna fue aprovechada por Turgeis que se impuso con autoridad sobre los irlandeses. Fundó algunas ciudades portuarias como Wexford, Cork o Dublín, la mayor de toda Irlanda, alrededor de la cual erigió un verdadero dominio soberano noruego. Una gran empalizada fue levantada rodeando la ciudad como defensa, más en previsión de ataques de otros vikingos que de los propios irlandeses. Cinco años después sería derrotado por el rey de Meath, cayendo muerto en la batalla.

En el año 850 una flota danesa desembarcó en la isla ganando la ciudad de Dublín a los noruegos. Pero la soberanía danesa duró poco tiempo ya que al año siguiente atracó en Irlanda otra flota noruega bajo el mando del rey Olaf *el Blanco* y de su hermano Ivar, que expulsaron a los daneses. En 871 Olaf, rey de los escandinavos de todas las regiones que pertenecían al reino de Irlanda, incluida la isla de Man y la parte noroeste de Inglaterra, regresó a Noruega. Allí perdió la vida en una batalla, siendo sucedido en el trono irlandés por Ivar. Durante los años siguientes, los enfrentamientos entre daneses y noruegos por hacerse con el control del reino de Dublín fueron habituales. Esta carencia de un poder fuerte y centralizado fue aprovechada por el rey de la provincia de Leinster para conquistar a los noruegos la ciudad de Dublín en 902. La ciudad permaneció bajo la soberanía de los reyes irlandeses hasta 921 cuando fue reconquistada de nuevo por los daneses. A pesar de los continuos enfrentamientos entre los invasores vikingos y los irlandeses, que luchaban por defender su territorio, la soberanía escandinava sobre el reino de Dublín se mantuvo más o menos estable hasta 1014. En ese año, el ejército del rey de Irlanda, Brian Boru, obtuvo una decisiva victoria sobre los vikingos en la batalla de Clontarf que significó el fin del poder escandinavo sobre la isla. Los que se quedaron fueron poco a poco asimilándose con la población irlandesa. Los reyes irlandeses reinaron en Dublín hasta 1170, año en que los ingleses y los normandos comenzaron la conquista de la isla. En el año 1800 Irlanda entró a formar parte del Reino Unido de Gran Bretaña e Irlanda en virtud de la *Union Act*, ley que entró en vigor el 1 de enero de 1801. En 1922 fue proclamado el Estado Libre de Irlanda, denominación que se mantendría hasta el año 1937 en que se aprobó una nueva constitución, que establecía Eire como un Estado soberano e independiente. Finalmente, en 1948 la República de Irlanda consiguió su independencia total, salvo los territorios de Irlanda del Norte que formaban parte del Reino Unido.

Islas del Atlántico Norte

Contemporáneos a los saqueos noruegos de Irlanda se produjeron los de Escocia y los archipiélagos atlánticos de las Hébridas, Sethland, Orcadas y Feroe. Estos territorios habían sido visitados hacia el siglo VI por monjes irlandeses que intentaron la cristianización de los habitantes pictos originarios de las islas. De entre ellos destacó San Columbano quien realizó una gran labor misionera y fundó importantes monasterios. En el año 563 se construyó el primer monasterio en la isla de Iona, en las Hébridas, que se convirtió en la casa central de San Columba, desde donde dirigía el resto de monasterios. Y fue precisamente este monasterio el que sufrió el saqueo de los vikingos noruegos a finales del siglo VIII, cuando llegaron al archipiélago de las Hébridas, al oeste de Escocia. Los invasores se asentaron en las fértiles tierras de las costas y en las bahías y desplazaron hacia el interior a los habitantes celtas de las islas. La soberanía noruega sobre las Hébridas duró varios siglos durante los cuales los colonizadores escandinavos se mezclaron y convivieron con la población autóctona de habla celta. En el año 1266, el archipiélago pasó a formar parte de Escocia.

Los archipiélagos de las Orcadas y Sethland, situados en la costa nororiental de Escocia, sufrieron también de forma simultánea los ataques noruegos desde finales del siglo VIII. La colonización no fue pacífica, sobre todo en las Orcadas, pero después de algunos enfrentamientos el poder noruego se hizo efectivo hasta el año 1472, año en que los dos archipiélagos fueron anexionados a Escocia por el matrimonio de la princesa Margarita de Dinamarca con el rey escocés Jacobo III. Las islas Feroe, situadas al norte del océano Atlántico, entre Islandia y las islas Sethland, estaban habitadas, antes de la llegada de los vikingos noruegos, por eremitas irlandeses que habían encontrado en estas alejadas islas el paraje ideal donde vivir su elegida soledad. Pero cuando los nuevos expedicionarios llegaron y colonizaron las islas, los monjes cristianos fueron expulsados. En el año 1814, el archipiélago pasó a pertenecer a Dinamarca y desde 1948 gozan de autonomía política y representación en el parlamento danés, aunque la política exterior es competencia del Gobierno danés.

Islandia

La colonización de Islandia comenzó, según algunas fuentes medievales, hacia el año 860 cuando Nadodr, un vikingo noruego, se vio envuelto en una tormenta, que alejó su embarcación desde las islas Hébridas hacia el norte del Atlántico, y yendo a la deriva descubrió una isla alejada y deshabitada que denominó *país de las nieves*. Otras fuentes hablan de Gardar Svavarson, quien también a la deriva llegó a una isla a la que puso su nombre, *isla de Gardar* o *Gardarholm*. Para otros, fue el noruego Floki Vilgerdson quien primero llegó a la isla y la llamó Islandia o *tierra de los hielos*, por los enormes témpanos de hielo que encontró. Sin embargo, Ari Thorgilsson en el *Libro de los islandeses* y el *Libro de la colonización* señala al noruego Ingolfr Arnarson y a su familia como los primeros colonizadores que se asentaron en la parte occidental de la isla hacia el año 874. Pero lo cierto es que antes de que los vikingos llegaran a la isla, ésta ya estaba habitada por algunos monjes irlandeses, que habían elegido esta tierra para vivir como eremitas y que abandonaron Islandia cuando aparecieron los escandinavos. Los colonos comenzaron a construir sus granjas y a labrar las tierras. Consumían los productos que cosechaban pero también pescado y la carne y leche de los animales domésticos que llevaron. Los productos que escaseaban los compraban comerciando con Noruega.

El gran movimiento colonizador hacia Islandia y las islas del Atlántico norte, que supuso la salida de numerosas personas de Noruega, coincide con el reinado del rey Harald *el de la Hermosa Cabellera* y su intento de unificar el reino bajo su corona. Muchos oponentes políticos, que habían sido derrotados por el rey, fueron desterrados de Noruega al igual que numerosos proscritos, pero también muchos hombres libres decidieron abandonar el país antes que vivir sometidos al poder autoritario de un sólo rey, bajo una única Corte. Las excavaciones arqueológicas realizadas muestran la existencia de algunas granjas y tierras cultivables, sobre todo en el sur de la isla donde el clima es más benigno que en las costas septentrionales cercanas al Círculo Polar Ártico. Tierra de volcanes, manantiales de agua caliente, grandes glaciares y verdes praderas, Islandia está situada en la gran cordillera submarina que recorre el océano Atlántico de norte a sur y separa América de Europa. Y fue precisamente en Thingvellir, donde una gran fisura conforma un foso natural que separa las placas americana y europea, donde los colonizadores vikingos fundaron en el año 930 el *Althing* o asamblea, con poderes legislativos y judiciales, de los hombres libres. Estaba formada por treinta y nueve de los *godar*, o jefes y, a la vez, grandes sacerdotes, más importantes de los distritos en que estaba dividida la isla y presidida por tres de los jefes con más influencia social. Y allí, en Thingvellir, se reunían al aire libre una vez al año para hacer e interpretar las leyes y dictar sentencias. Era el órgano supremo de gobierno y por encima de él no existía otra forma de poder, ni reyes ni jefes. Sin embargo, carecía de autoridad ejecutiva y en realidad el poder estaba en manos de los *godar* que constituían la verdadera clase dirigente.

A finales del siglo X, y por influencia del rey noruego Olaf Tryggvason, el *Althing* decidió imponer, de manera forzosa, el cristianismo a todos los islandeses. Pero no se hizo de una manera drástica sino progresiva ya que permitieron la práctica, durante sólo unos años, de sus costumbres paganas siempre que se hiciesen en privado. De esta manera, Islandia fue el segundo país escandinavo, después de Dinamarca, completamente evangelizado y cristianizado. Poco a poco, la Iglesia se fue organizando y afianzando su poder en detrimento del poder laico que hasta entonces había gobernado la isla. Llegaron monjes y sacerdotes que fundaron parroquias donde formaban a la población en la doctrina católica. En 1056 se estableció el primer obispado de Islandia en Skálholt y en 1106 el segundo en Hólar dependientes de la archidiócesis de Nidaros, la actual Trondheim de Noruega. Sin embargo, la Iglesia no consiguió generalizar el uso del latín y los autores, como Ari Thorgilsson, que en el siglo XII empezaron a escribir la historia de Islandia lo hicieron en su lengua materna, idioma que no ha sufrido grandes transformaciones desde entonces, de tal manera que los islandeses actuales pueden leer las sagas de los siglos XII y XIII sin mayor dificultad. La rivalidad que existía entre la Iglesia y la autoridad laica por el poder, propició la intervención del rey de Noruega, Haakon IV *el Viejo*, quien en 1262 anexionó Islandia a la corona noruega proclamándose rey de los islandeses.

Groenlandia

Cuentan las crónicas que a principios del siglo X un viajero noruego llamado Gunnbjorn partió de su país con destino a Islandia. Durante el trayecto, las malas condiciones atmosféricas y una gran tormenta desviaron su nave en dirección oeste. Cuando al cabo de unos días el tiempo mejoró y pudo por fin llegar a su destino contó que había divisado nuevas islas y que les puso su nombre. Hubieron de pasar muchos años hasta que otro noruego decidiese seguir en dirección occidental como ya lo había hecho, aunque de manera involuntaria, Gunnbjorn. Se trataba de Erik *el Rojo,* apodado así por el color de su pelo. Erik, se vio obligado a desplazarse a Islandia acompañando a su padre que fue desterrado de Noruega acusado de asesinato. La familia se asentó al noroeste de Islandia y allí Erik se casó con Thjodhildur. Desde el principio, Erik tuvo problemas para integrarse y adaptarse a su nueva vida. Por un lado, las tierras estaban todas prácticamente repartidas entre los colonos y por otro, su carácter fuerte y violento le hizo verse envuelto en continuas peleas con sus vecinos. La historia no tardó en repetirse y Erik tuvo que enfrentarse a una acusación de asesinato y a una condena de tres años de destierro. Como no podía quedarse en la isla, sin riesgo para su vida, y tampoco regresar a Noruega, decidió hacerse a la mar y poner rumbo oeste para buscar la tierra que Gunnbjorn dijo haber avistado.

Después de una dura travesía por el océano Atlántico divisó una gran isla cubierta de hielo. Bordeándola se dirigió hacia el sur y doblando el cabo Farewell encontró un lugar donde tomó tierra y se instaló en un profundo y fértil fiordo rodeado de verdes colinas y valles. Impresionado por el paisaje y los recursos de la tierra decidió llamarla Groenlandia, *tierra verde*. Durante tres años, de 982 a 985, Erik estuvo explorando los territorios de la parte sur de la costa occidental de la isla. La vida no fue fácil para este solitario explorador en este medio tan hostil en el que sobrevivía alimentándose de los animales que pescaba y cazaba. En el verano recorría los fiordos del litoral groenlandés, siempre atento a los temibles témpanos de hielo que le obligaban a retirarse hacia el interior de la isla durante los fríos meses de invierno. Pero a pesar de todo, pensó que estas tierras podían ser un buen lugar donde empezar una nueva vida con su familia y decidió, cumplido el plazo del destierro, regresar a Islandia para volver con todos los suyos y con todos aquéllos que se atrevieran a participar en esta aventura. Y así lo hizo.

No tuvo mayores problemas en encontrar a personas que quisieran seguirle para encontrar una nueva forma de vida, entre otras razones, porque Islandia había sufrido un aumento de población y las tierras empezaban a escasear. En el año 986 organizó una gran expedición formada por cerca de setecientas personas, que a bordo de veinticinco barcos, bien equipados con herramientas, utensilios de uso cotidiano y ganado, decidieron seguir a Erik hacia la *tierra verde*. Después de superar terribles dificultades tan sólo catorce naves pudieron llegar a su destino; algunas desaparecieron bajo las aguas por la acción de un mar embravecido, otras, quedaron aprisionadas por los hielos y otras, finalmente, decidieron regresar a Islandia. Los supervivientes, dirigidos por Erik, se asentaron en un frondoso fiordo al que el vikingo no dudó en ponerle su nombre, en la actualidad llamado Tunnuliarfik. Alrededor de las tierras más fértiles, en el fondo de los fiordos, los primeros colonos procedieron a levantar sus granjas. Erik estableció la suya en Brattahlid, la actual Qassiarsuk, que se convirtió en el centro del llamado «asentamiento oriental». Durante los años siguientes, más colonos llegaron de Escandinavia y fueron colonizando la costa suroeste desde el cabo Farewell hasta la actual Nuuk, colonia que se convirtió en el centro del «asentamiento occidental».

La mayoría de las granjas tenían la casa y el establo en el mismo edificio porque el calor de los animales les ayudaba a calentar la vivienda. Pero también se han descubierto restos de establecimientos en los que los graneros y establos estaban separados. Para paliar en lo posible el excesivo frío, los muros de las casas podían tener varios metros de espesor y los levantaban mezclando piedras con tepes de hierba. Los colonos vivían fundamentalmente de la tierra y de los rebaños de vacas, ovejas y cerdos que llevaron. La leche de los animales domésticos, el pescado y la carne de foca constituían una parte muy importante de su dieta. No tardaron mucho en depender cada vez más de los recursos naturales de la isla. La escasez de madera, cereales y hierro les obligaba a comerciar con Islandia, Noruega y las costas del norte de Europa occidental a cambio de las pieles de foca y de oso y de los cotizados colmillos de morsa. Dejaron de construirse barcos de madera para realizar botes cuyo armazón era de huesos de ballena que recubrían con piel de foca y utilizaron la grasa de los animales marinos para encender fuego.

El noruego Erik y su familia seguían las costumbres religiosas de sus antepasados adorando a los dioses de la mitología nórdica. Pero su hijo, Leif Erikson, hacia el año 1000 regresó a Noruega para servir en el ejército del rey Olaf *el Santo* y allí se convirtió al cristianismo. Terminada su campaña regresó a Groenlandia embarcando con él un misionero que se encargaría de evangelizar a los colonos escandinavos. Su madre, Tjodhildur, no tardó en abrazar la nueva religión y colaboró en la construcción de la primera iglesia cristiana que se erigió en Groenlandia y que situó en su granja de Brattahlid. Erik, aunque más reacio a abandonar sus profundas creencias, acabó cediendo y finalmente fue bautizado. Poco a poco, Groenlandia, que contaba entonces con una población de unas tres mil personas repartidas en unas trescientas granjas, fue cristianizada y numerosas iglesias se construyeron a lo largo de los dos grandes asentamientos vikingos. Hacia el año 1200 Groenlandia se convirtió en sede episcopal y se construyó una catedral en Gardar, la actual Igaliku, y un monasterio de monjes y otro de monjas. En el año 1261 la isla pasó a pertenecer a la Corona noruega reconociendo sus habitantes la soberanía de Haakon IV *el Viejo*, sometiéndose a él. Así permanecieron hasta el año 1380 cuando las Coronas noruega y danesa se unieron bajo dominio danés.

Los colonos noruegos realizaron algunas expediciones hacia el norte y el interior del país en busca de nuevas tierras habitables, pero no tuvieron éxito, sólo encontraron inmensos parajes cubiertos de una gran capa de hielo. Las crónicas islandesas hablan de que en esos parajes habitaba un pueblo con una cultura totalmente diferente a la de los vikingos, eran los esquimales o inuit, un pueblo procedente de Canadá que hace unos tres mil años había cruzado el estrecho que les separa de Groenlandia y que se había asentado en el norte de la isla. A lo largo de los siglos, este pueblo había sabido adaptarse a un medio tan extremo en su dura lucha por la existencia, adoptando un modo de vida acorde con las leyes de la naturaleza y en estas condiciones había desarrollado una cultura en la que las familias permanecían reunidas en clanes. Desarrollaron de forma excelente la técnica de la caza de focas, el elemento fundamental de su dieta. Para ello esperaban pacientemente, vigilando los agujeros que estos animales hacían en el hielo para salir a respirar, hasta que el animal salía o bien se movía la pluma de ave que colocaban en el agua y que les indicaba que la foca se acercaba a respirar. En ese momento lanzaban el arpón. Una vez despellejada utilizaban parte de la carne que necesitaban para su consumo diario y el resto la conservaban en sacos que formaban con los estómagos de los animales. Con su piel fabricaban los vestidos con los que se protegían del intenso frío y con su grasa se proveían de combustible tanto para alumbrarse como para cocinar.

Cuando se desplazaban para cazar utilizaban un medio que se hizo imprescindible en su vida cotidiana: el kayak. Era una embarcación baja y muy ligera construida con huesos de animales o madera. Como la madera era un bien que escaseaba en estas regiones aprovechaban los trozos que las mareas depositaban en las playas. Con tendones de animales, como si fueran cuerdas, sujetaban el armazón, cuya cubierta exterior recubrían con pieles, sobre todo de foca, a las que primeramente le quitaban el pelo y preparaban con grasa animal para hacerla impermeable. En la parte superior del kayak dejaban una abertura circular por la que el remero se introducía en el barco. Una vez sentado colocaba un trozo de piel alrededor de la cintura para cubrir su cuerpo y la abertura de modo que el habitáculo quedara totalmente cerrado evitando, en caso de volcar, que las frías aguas del Ártico entraran en el interior de la embarcación, librándole de una muerte segura y permitiéndole recuperar la posición mediante una técnica hábilmente desarrollada. De este modo, remero y embarcación formaban un solo elemento.

Mientras que las labores de carpintería estaban reservadas a los hombres, la preparación y cosido de las pieles eran una labor desarrollada por las mujeres. Los jóvenes inuit no podían utilizar estas embarcaciones hasta que no alcanzaran la mayoría de edad. En ese momento, la familia le construía uno a su medida, pues la longitud y anchura del kayak así como la pala de dos cucharas con las que se ayudaba para remar eran construidas teniendo en cuenta la constitución física del remero.

En cuanto a sus creencias religiosas eran animistas, al igual que los numerosos pueblos que habitan en las heladas regiones árticas de Escandinavia, Siberia y noroeste de Rusia. Pues aunque cada uno de estos pueblos tiene su propia lengua y cultura comparten entre sí las mismas teorías religiosas, míticas y rituales sobre el origen del mundo que giran alrededor de sus extremas condiciones de vida y en la poderosa fuerza de la naturaleza. Creían en un mundo de espíritus que se manifestaban tanto en personas como en animales o en cualquier objeto: montañas, palos, ríos, el Sol, las estrellas, etc. Un mundo en el que todos los elementos de la naturaleza estaban dotados de conciencia. Y en medio de ese mundo material y sobrenatural estaban los chamanes, que eran los hombres y mujeres que, en estado de trance, se ponían en contacto con las fuerzas de la naturaleza y con el mundo sobrenatural. Eran las personas más sabias del grupo y las únicas capaces de entender los mensajes que les manifestaba la naturaleza; convocaban a los espíritus mediante sus cánticos y sus ceremonias rituales, escuchaban sus voces y comprendían su lenguaje. Sus dioses eran numerosos y los más importantes tenían relación con las fuerzas de la naturaleza y los animales marinos.

Parece que en un primer momento estos pueblos se respetaron y mantuvieron relaciones comerciales, intercambiando pieles de focas y de osos por madera e instrumentos de hierro, e incluso se celebró alguna boda entre ellos. Pero el empeoramiento climático y las malas cosechas hicieron que los vikingos empezaran a depender cada vez más de los recursos que constituían la tradicional forma de vida inuit, fundamentalmente la caza de focas para su alimentación y la de morsas para comerciar con sus apreciados colmillos. Naturalmente los escandinavos, que no estaban acostumbrados a cazarlas, desconocían la técnica que tan hábilmente habían desarrollado los inuit. Durante el siglo XIV, numerosos grupos esquimales emigraron de las heladas tierras del norte a lo largo de las costas de la isla en dirección sur. Al mismo tiempo, los colonos del asentamiento occidental se adentraban en el territorio inuit en busca de caza. Y entraron en conflicto.

Lo cierto es que a principios del siglo XVI ya no quedaba población escandinava en Groenlandia. El último registro escrito que se conoce es del año 1408 y se refiere a una boda celebrada en la iglesia de Hvalsey. Desde entonces, se perdió el contacto europeo con la isla y Groenlandia quedó olvidada por todos. En 1721, el misionero noruego Hans Egede viajó a Groenlandia y estableció una misión en Nuuk. Hans escuchó de boca de un viejo chamán cómo, siglos atrás, los inuit se habían acercado a los territorios en los que se asentaban las colonias de los escandinavos. Un día éstos vieron aparecer una flota inuit, formada por numerosas pequeñas embarcaciones que atacaron sus granjas, mataron a algunos hombres y se apoderaron de sus enseres y de sus animales domésticos. La mayoría de los escandinavos, asustados, decidieron recoger lo que les quedaba y marcharse al sur de la isla, otros se quedaron. Al año siguiente, regresaron volviéndose a enfrentar con los inuit. Pero éstos lograron capturar a algunas mujeres y niños y les llevaron con ellos. Con la llegada del verano el grupo inuit regresó al asentamiento escandinavo y descubrió con horror cómo las granjas y casas estaban quemadas y destruidas y todos los hombres habían desaparecido. No quedaba nadie. Ante este espectáculo decidieron volver a sus fiordos viviendo en paz con las mujeres y niños escandinavos y tomaron como esposas a las mujeres nórdicas.

Pero lo cierto es que no hay unanimidad entre los investigadores a la hora de establecer cuál fue la causa o las causas que motivaron la desaparición de estas colonias. La mayoría piensa que el progresivo empeoramiento del clima, que agravó las extremas condiciones de vida en la isla, así como las enfermedades y la hambruna que se sufría en Europa fueron las causas que provocaron esta extinción. Como consecuencia de esa plaga europea las relaciones comerciales de Groenlandia con Islandia, Noruega y las costas del norte de Europa occidental se resintieron notablemente y la colonia vikinga sufrió directamente esta falta de abastecimiento por la carencia de los productos que consideraban básicos para su subsistencia, sobre todo los cereales y la madera. Sin embargo, las crónicas islandesas atribuyen a los enfrentamientos con el pueblo inuit la causa directa de su desaparición, siendo vencidos por un pueblo primitivo que, aunque permanecía básicamente en la Edad de Piedra, había adquirido su fuerza adaptándose a las leyes de la naturaleza para sobrevivir en un medio tan hostil.

Sin embargo, el estudio de los restos arqueológicos hallados en la isla demuestra las duras condiciones de vida que soportaron estos colonos. Se han encontrado esqueletos de jóvenes mujeres que no superaban los 150 centímetros de altura, con importantes deficiencias dentarias y signos de haber padecido alteraciones en los huesos y otras enfermedades, como la tuberculosis o el raquitismo. Todas estas señales demuestran una importante falta de una dieta adecuada.

Además, se cree que la mortandad era muy elevada y la esperanza de vida muy corta, fruto del hambre y las enfermedades que padecían. Por otro lado, el frío intenso favoreció el estado de conservación de los cadáveres que presentaban su vestimenta intacta, tal y como fueron enterrados. Sus ropas demuestran que, a pesar de su aislamiento, la moda de la Edad Media cristiana continental también llegaba a la isla de la mano de los comerciantes europeos. Los vikingos groenlandeses imitaron sus trajes, tejiendo con la lana de sus ovejas gruesas y largas faldas y túnicas hasta los pies. La cabeza la cubrían con un gorro que colgaba en punta sobre la nuca.

América

Cuenta la *saga Groenlandesa* que un islandés llamado Bjarne Herjolfsson había partido de Islandia con destino a Groenlandia. Durante la travesía se vio sorprendido por una fuerte tempestad que desvió su nave hacia el sudoeste. Envuelta en una espesa bruma, la embarcación iba a la deriva, arrastrada por las corrientes polares. Cuando al fin pudo enderezar el rumbo hacia Groenlandia, cuenta que divisó una tierra cubierta de bosques donde no había montañas. Pero la noticia cayó en el olvido y tuvieron que pasar algunos años antes de que alguien se interesara por ella. Se trataba de Leif Erikson, el hijo del fundador de la primera colonia groenlandesa, Erik *el Rojo.* Hacia el año 1001 Leif compró el barco de Bjarne y preparó una expedición hacia la tierra que éste había encontrado. Acompañado de treinta y cinco hombres se hizo a la mar siguiendo las indicaciones que su amigo le había dado. Dejándose llevar por la corriente marina puso rumbo sudoeste y al cabo de unos días la tripulación divisó tierra. Comprobó que el lugar era muy pedregoso y que no reunía condiciones para trabajar el campo y plantar cereales. Le llamó *Helluland* o tierra de piedras. Continuaron viaje y no tardaron en divisar un territorio cubierto de bosques muy frondosos al que bautizó como *Markland* o tierra de bosques, que bien podría ser la tierra que divisara Bjarne. Prosiguieron navegando y días después descubrieron una nueva tierra, llena de bosques, verdes praderas, caudalosos ríos llenos de salmones y extensos campos donde crecían las vides, plantas que no existían en sus lugares de origen. De ahí el nombre con el que bautizaron el lugar: *Vinland*.

Leif decidió pasar allí el invierno explorando las grandes posibilidades que le ofrecía este rico territorio, cuyo clima era más benigno que en Groenlandia y por tanto no se veían obligados a interrumpir su vida cotidiana durante esta fría estación. Parecía un buen lugar para establecer una colonia y emprender una nueva vida. Allí no faltaba la madera, había pastos para el ganado, la tierra era apta para el cultivo y abundaban los racimos de uvas. Aprendieron que si las exprimían con la mano y el jugo lo dejaban reposar unos días obtenían una bebida desconocida para ellos: el vino. Construyeron un poblado al que pusieron el nombre del jefe de la expedición y pasaron allí cerca de un año antes de regresar a Groenlandia con una buena remesa de madera y racimos de uvas. La siguiente expedición se realizó en el año 1004. Leif no pudo participar en ella porque cuando llegó a su casa se encontró con que su padre había fallecido y él, como hijo mayor, tuvo que hacerse cargo de la granja. Esta vez, sería dirigida por su hermano Thorvald. Con el mismo barco que utilizó Leif se dirigió hacia Vinland y encontró el poblado donde vivieron los hombres que formaron la expedición anterior. Durante ese año se desplazaron hacia el interior para explorar el territorio. Pero en una de esas incursiones se encontraron con los nativos del lugar, se enfrentaron y mataron a algunos de ellos. Los que consiguieron escapar volvieron acompañados de un gran número de indígenas y entablaron una dura batalla. Thorvald resultó herido por el disparo de una flecha y murió poco después. Sus compañeros le enterraron allí y regresaron a Groenlandia.

Hacia el año 1010 se decidió organizar una gran expedición, pero esta vez sería para colonizar Vinland de la misma manera que lo habían hecho anteriormente en Islandia y

Groenlandia. Al mando de Thorfinn Karlsefni zarparon tres barcos que transportaban a unas 160 personas además de ganado, utensilios, herramientas y armas. La *saga de Erik* relata que esta expedición no llegó al poblado de Leif sino que construyeron dos nuevos asentamientos en los alrededores de un fiordo que llamaron *Straumsfjord*. Pero el intento de colonización fracasó por los continuos enfrentamientos con los nativos, que defendían su territorio y sus recursos naturales. No se sabe con certeza si se trataba de esquimales o de indios algonquinos. En todo caso, las fuentes escritas les describieron como hombres muy feos, de muy baja estatura, con pómulos muy prominentes, nariz pequeña y pelo muy negro. Al cabo de tres años, los hombres y mujeres que iniciaron esta aventura tuvieron que regresar a Groenlandia. Aún una nueva expedición saldría años después hacia Vinland pero, como en las anteriores ocasiones, tampoco tuvo éxito. Desde entonces no se ha encontrado ninguna fuente que haga referencia a nuevos intentos colonizadores en estos territorios.

Aunque no hay una certeza absoluta parece que hay unanimidad a la hora de localizar estos lugares que relatan las sagas: Helluland se sitúa en la isla de Baffin; Markland en la península de Labrador y Vinland en Terranova. Pero, hasta ahora, se han encontrado muy pocos vestigios de la presencia escandinava en América. Sin embargo, las excavaciones dirigidas por Helge y Anne Ingstand en 1963 en L'Anse-aux-Meadows, al norte de Terranova, descubrieron un asentamiento escandinavo. Pero no se ha podido demostrar que se trate del mismo poblado que construyera Leif Erikson. Lo que sí se encontraron fueron restos de viviendas cuya forma recuerda las de Islandia y Groenlandia. También algunos objetos de uso cotidiano, datados hacia el año 1000, como una aguja de bronce escandinavo y utensilios de esteatita, un mineral fácil de labrar y con gran resistencia al calor de uso común en la alfarería nórdica.

Hacia el Este

La expansión vikinga hacia el Este fue realizada, principalmente por los escandinavos suecos. Sin embargo, cuando se hace referencia a estos movimientos no se emplea el término «vikingo», palabra asociada a pirata, sino el de varegos o rus, tal y como les denominaban los eslavos y los árabes. La razón es que esta expansión no contemplaba, como fin exclusivo, las expediciones de saqueo y conquista sino la colonización de nuevos territorios donde continuar con las estrechas relaciones comerciales que desde hacía siglos unía a los suecos con los eslavos, bizantinos y musulmanes y en general con todas las regiones de la Europa oriental. Pero lo cierto es que durante la mayor expansión de los rus hacia el este ocurrida durante el siglo IX, bien como mercaderes o bien como guerreros, atravesaron el mar Báltico y establecieron colonias en tierras eslavas. Su actividad principal fue el comercio, por encima de la agricultura, que desarrollaron en las ciudades situadas a lo largo de los grandes ríos, elegidas por su inmejorable situación estratégica en las rutas comerciales.

Utilizaron varias trayectos desde el golfo de Finlandia y el mar Báltico para remontar el río Volga y llegar a la capital jázara, Itil, la actual Astracán, a orillas del mar Caspio. Algunos se extendieron por Mesopotamia y otros se dirigieron hacia el mar Negro. Penetraron en el territorio por la parte oriental del golfo de Finlandia, remontando el río Neva hasta llegar a las proximidades del lago Ladoga y hasta la desembocadura del río Volkhov. Allí se asentaron en Aldeigjuborg, lugar conocido hoy como Staraia Ladoga. Era un lugar privilegiado como centro comercial, porque podían aprovechar las vías fluviales y los canales que les comunicaban con el mar Caspio y los ríos Dniéper y Volga, facilitándoles el camino hacia el interior y las transacciones mercantiles. Después se convertiría en un gran centro amurallado en el que convivieron escandinavos y eslavos realizando los más diversos trabajos artesanales. Luego llegaron a Novgorod, a orillas del lago Ilmen, donde fundaron una de las colonias más importantes por su floreciente y próspero mercado. Desde aquí, y siguiendo los pequeños ríos que les conducían al Dniéper, continuaron su viaje hacia el sur, pasando por Kiev antes de llegar al mar Negro, la puerta que les conduciría hasta Bizancio.

Los *Anales Bertinianos* nos cuentan cómo hacia el año 830 un grupo de hombres que pertenecían al pueblo de los svear había llegado a la corte de Teófilo, emperador de Bizancio y cómo éste se había quedado maravillado con la presencia de estos extranjeros y con el relato que le hicieron de su viaje. De todas formas el Emperador les retuvo a su lado hasta comprobar que eran ciertos los motivos que les habían llevado tan lejos de su patria y que no preparaban ninguna acción bélica contra su Imperio. El esfuerzo debió de ser considerable y las jornadas interminables para estos aventureros vikingos. Pero no había accidente geográfico que se resistiera al paso de sus embarcaciones. Cuando llegaban a las zonas de nacimiento de los ríos sacaban las naves del agua y las arrastraban montándolas sobre ruedas hasta que encontraban otros ríos por los que seguían su curso. Habían abierto otra nueva ruta y el comercio adquiría nuevas dimensiones; el río Dniéper se había convertido en una de las más importantes rutas comerciales entre el norte y el sur de la Europa oriental.

Numerosas fuentes escritas árabes y occidentales, como la *Crónica de Néstor*, los *Anales Bertianos* o *De administrando imperio* del emperador Constantino VII, recogen la penetración de los escandinavos hacia el Este y la región de Rusia aparece denominada en los escritos medievales escandinavos como la *Gran Suecia*. La *Crónica de Néstor* cuenta que en el año 859 los varegos llegaron a través del mar Báltico y ocuparon las tierras donde vivían los eslavos obligándoles a pagar tributos. Tres años después los pueblos eslavos de los eslovenos, krivitches, merjas y wesen se rebelaron contra los colonizadores escandinavos y les expulsaron de sus tierras. Pero estas tribus que ocupaban la región de Novgorod no se pusieron de acuerdo para elegir un rey que les gobernara a todos y decidieron acudir a los escandinavos para que reinaran sobre ellos:

Nuestro país es extenso y rico pero no hay ley en él; venid vosotros a reinar en él y gobernarnos. De entre todos los rus fueron elegidos tres hermanos que llegaron con sus familias y todos los que les siguieron. El mayor de los tres, Rurik, gobernó en Novgorod; Sivers se quedó con los suyos en Beloozero y el tercero, Travor se asentó en Izborsk.

Más que responder a una realidad histórica parece que este relato entra dentro de la leyenda o por lo menos no deja de resultar curiosa esta forma de colonizar obedeciendo el deseo de sus habitantes. Pero es verdad que la leyenda de los tres hermanos colonizadores, que siempre llegan por el mar Báltico, se repite, con alguna variación, en otras regiones como en Finlandia, Irlanda o Estonia. Sin embargo, es cierto que los rus, quizás por la prosperidad y fuerza económica que lograron y por la coexistencia pacífica con la población, asumieron importantes cargos y se convirtieron en la clase dirigente de las tribus eslavas y que Rurik estableció su corte en Novgorod y desde allí impulsó el comercio escandinavo con Bizancio por la ruta del Dniéper.

Otro rus llamado Askold gobernaba en Kiev algunos años antes de que Rurik reinara en Novgorod. En 860 entró en guerra con Bizancio, respaldado por un gran ejército formado por escandinavos y eslavos. Siete años después firmó un tratado de paz con el Emperador. La popularidad del dirigente creció espectacularmente después de la guerra y el territorio sobre el que gobernaba se destacó entre los demás, adquiriendo las características de una verdadera organización estatal. Aumentó su reino anexionando territorios de tribus eslavas vecinas, que todavía eran libres, convirtiendo a estos eslavos en sus vasallos y obligándoles a pagar tributos, de los que retenía una tercera parte para su uso personal.

La estructura social de esta época estaba organizada en torno a dos clases sociales bien diferenciadas: la clase alta o dirigente, de la que formaban parte el príncipe de Kiev y toda su familia, así como su guardia personal y los miembros de su corte, y la clase baja a la que pertenecían los esclavos y los hombres libres trabajadores y campesinos. Muy aferrados a sus costumbres adoraban a sus dioses tradicionales y practicaban los ritos paganos.

Cuando el príncipe Rurik murió, hacia el año 881, su hijo Igor quedó bajo la custodia de Oleg. Como regente decidió extender los dominios de su reino y su primer objetivo fue anexionarse el reino de Kiev. Después de asesinar al príncipe Askold no tuvo dificultades para dominar Kiev, trasladando su corte de Novgorod a la nueva ciudad conquistada, convirtiéndose en príncipe de los eslavos orientales. Continuó sus conquistas logrando la sumisión de las tribus eslavas asentadas en la región del Dniéper obteniendo de esa manera un completo control de la ruta comercial a lo largo del río. Seguro de su fuerza se alió con otros príncipes rusos para atacar a los bizantinos, a los que venció a las puertas de Bizancio. Esta victoria trajo consigo importantes acuerdos comerciales para sus mercaderes.

Igor (912-945), hijo de Rurik, sucedió a Oleg. Durante su reinado realizó incursiones hasta las costas del mar Caspio y también se enfrentó con los bizantinos que le infligieron una severa derrota que tuvo como consecuencia perder algunos de los privilegios comerciales conseguidos por Oleg. Pero también mantuvo importantes relaciones comerciales con los jázaros y con los árabes del califato de Bagdad, pueblo del que conocieron su avanzada civilización. El contacto de los pueblos árabes con los rus quedó reflejado en las fuentes árabes coetáneas que describen la región de los rus y sus costumbres y prácticas comerciales. Todas coinciden en describirles como comerciantes que transportaban casi cualquier tipo de mercancía, desde esclavos a animales, hasta plomo, pieles, miel, ámbar o espadas.

El primer príncipe de Kiev con nombre eslavo fue su sucesor, su hijo Svjatoslav, nacido de la unión de Rurik con Olga, de ascendencia eslava. En realidad fue Olga (945-964) la que ejerció el poder, durante la minoría de edad de su hijo, y durante su mandato se produjeron importantes cambios en la sociedad. A la tradicional división de la sociedad en dos clases se incorporó una tercera, una clase intermedia formada por los comerciantes y artesanos que adquirieron un papel destacado en este reino en el que florecía el comercio. También hubo cambios en el tradicional sistema de recaudación de impuestos por el que cada tribu pagaba los que se les hubiese exigido. Ahora los campesinos pagarían según las proporciones de la tierra que labraran y los hombres según el número de unidad familiar que constituyeran. Tampoco la religión escaparía a este proceso de cambios sociales y algunos misioneros se adentraron en el territorio de Kiev para enseñar su doctrina y evangelizar a los paganos. Lo cierto es que tuvieron poco éxito y la mayoría de la población continuó aferrada a sus creencias paganas, lo mismo que la mayoría de los príncipes regionales. Se cree que Olga sí se convirtió al cristianismo y fue bautizada. La conversión de la población no se hizo realidad hasta el reinado de Vladimiro I (955-1015), llamado también San Vladimiro. Este príncipe se casó con Ana, hermana del emperador de Bizancio, Basilio II. En 988 recibió el bautismo y convirtió el cristianismo ortodoxo griego en religión oficial del reino. Durante su gobierno luchó por erradicar los símbolos y templos paganos de todo su territorio y en su lugar mandó edificar iglesias y monasterios.

En esta época los comerciantes y artesanos desarrollaron una gran actividad y la cultura empezó a ser fundamentalmente eslava. Las influencias occidentales y sobre todo de la cultura bizantina introdujeron importantes cambios sociales y económicos pero también artísticos y arquitectónicos. La corte se llenó de artesanos, arquitectos, constructores y músicos que mezclaron el estilo bizantino con el ruso. El reino no sólo estaba consolidado sino que se convirtió en una potencia europea. Yaroslao, hijo de Vladimiro se casó con la hija del rey de Noruega y los hijos de éstos emparentaron con las principales familias reinantes de Europa occidental y oriental.

Una vez abiertas las rutas comerciales muchos hombres procedentes de los países nórdicos llegaron hasta Bizancio atraídos por un comercio rico y lujoso, lleno de mercancías exóticas donde podían adquirir productos llegados del Mediterráneo y del norte de África a cambio de sus pieles y de los esclavos. Otros llegaron precedidos por su fama como guerreros para enrolarse como mercenarios en el ejército bizantino. Algunos entraron a formar parte de la guardia personal del Emperador quien les aceptó deslumbrado por el arrojo y valentía de los guerreros nórdicos a cambio de un buen sueldo de plata y una buena posición social. Hubo momentos en que este grupo militar estuvo compuesto exclusivamente por guerreros escandinavos a quienes se conocía como los *guardias varegos*. Hacia el año 1018 estos varegos lucharon con el ejército del Emperador en el sur de Italia, donde se enfrentaron a guerreros normandos que luchaban con las tropas italianas. En la *saga de los reyes de Noruega* Snorri Sturluson cuenta las hazañas del rey noruego Harald III *el Despiadado*, que llegó en 1033 a la corte de la emperatriz bizantina Zoé Porfirogéneta (1028-1050) convirtiéndose en el jefe más importante de su guardia personal y como tal participó en expediciones a Asia Menor y Sicilia. Después de la batalla inglesa de Hasting del año 1066, en la que murió Harald *el Despiadado*, muchos ingleses decidieron dejar su país y se dirigieron a Bizancio, donde entraron a formar parte de la guardia personal del Emperador. Poco a poco, ingleses, francos y alemanes fueron ocupando los puestos de los escandinavos y acabaron siendo ellos los que se dedicaron a velar por la seguridad del Emperador.

En la actualidad no hay unanimidad entre los investigadores a la hora de establecer si fueron verdaderamente los escandinavos los que impulsaron la creación de las nuevas formas de soberanía estatal que surgieron en Rusia. Unos, defienden el origen escandinavo de los rus basándose en los relatos de las fuentes escritas orientales y occidentales, como la *Crónica de Néstor* o *De administrando Imperio* anteriormente citadas, que así lo atestiguan. Para otros, el término rus hace referencia a las primitivas tribus eslavas que habitaban Kiev. Sea como fuere, de lo que no hay duda es del importante papel que desempeñaron los hombres del norte en la constitución de un Estado soberano en Kiev, cuya influencia y poder fue reconocido y aceptado por las casas reinantes de la época: sus primeros soberanos fueron escandinavos y el nombre con que se les designaba, rus, terminó por dar nombre al país.

El reino normando de Sicilia

Casi cuando terminaba el denominado período vikingo, un grupo de normandos, descendientes de antiguos escandinavos, empezaron a establecer las bases de una sólida y poderosa monarquía en Sicilia que se mantendría a lo largo de siete siglos. La isla había sido ocupada por las tropas del Imperio musulmán en el año 827. Hacia finales del siglo X las rencillas entre los emires, las luchas internas por el poder y la presión ejercida por los bizantinos, fueron debilitando la autoridad en la isla. Esta situación fue aprovechada por los hermanos Roberto Guiscardo y Roger, caballeros normandos, que iniciaron la conquista de la isla en 1062 y la finalizaron en 1091. Roberto al igual que otros muchos caballeros que habían visto debilitarse su patrimonio, incluso muchos de ellos estaban realmente empobrecidos, dejaron Normandía y se establecieron en Sicilia y en otras regiones de Italia. Allí se ganaban la vida entrando a formar parte de los ejércitos de los grandes señores y príncipes italianos. Cuando en el año 1053 el papa León IX ordenó la expulsión de los normandos de Italia él intervino activamente en la derrota que sufrió el ejército del Papa en Civitate. Su popularidad creció entre los normandos y pronto se convirtió en su jefe indiscutible. Años después se sometió al poder del papa Nicolás II, jurándole lealtad, y a cambio éste le nombró duque de Calabria y Apulia. Junto con su hermano Roger participó en las campañas contra los bizantinos que ocupaban el sur de Italia. En 1061 lograron conquistar Messina, después Palermo en 1072 y así, poco a poco, fueron tomando el resto de ciudades que aún permanecían bajo el poder de los sarracenos. En el año 1091 los normandos habían completado la conquista de la isla, extendiendo su poder a los territorios conquistados en el sur de Italia. A partir de ese momento las costumbres normandas se extendieron y se mezclaron con la cultura de este país.

Tras la muerte de Roberto, Roger I ejerció el poder sobre Sicilia, con el título de conde, y dejó los territorios peninsulares a Roger de Apulia, hijo de su hermano Roberto. Durante su mandato impuso la religión cristiana aunque permitió que los ortodoxos griegos y los musulmanes que vivían en la isla pudieran practicar sus respectivas religiones. Le sucedió su hijo Roger II, quien también ocupó el condado de Apulia tras la muerte de su primo, consiguiendo que toda la nobleza normanda de Italia le reconociera como rey. En 1130 fue coronado rey de Sicilia en la localidad de Palermo, extendiendo su soberanía a los condados de Calabria, Capua y Nápoles, y desde entonces su reino sería conocido también como de las Dos Sicilias. Su reinado se caracterizó por fomentar la convivencia pacífica entre las colonias musulmanas, judías, bizantinas y latinas que habitaban en la isla. Éstas desarrollaban importantes actividades artesanales e industriales que favorecieron las transacciones mercantiles con los países del norte de África y de Oriente y contribuyeron a hacer de Sicilia uno de los centros comerciales más florecientes de la Europa medieval, cuyo puerto era una escala obligada para las mayores potencias económicas del Mediterráneo. Tampoco descuidó el arte y la ciencia y logró convertir su corte de Palermo en uno de los centros culturales de mayor prestigio en toda Europa. Su monarquía alcanzó tal prestigio que nueve años después de ser coronado el papa Inocencio II le reconoció como rey de Sicilia.

CAPÍTULO III

SOCIEDAD Y COSTUMBRES SOCIALES

Grupos y estamentos sociales

Hay unanimidad entre los arqueólogos al admitir el cambio cultural que vivieron los hombres del norte de Europa durante la segunda mitad del siglo VIII. El estilo de vida del período de Vendel fue dejando paso a las nuevas corrientes culturales que se introducían desde la Europa cristiana continental. De ese modo, los países nórdicos recibieron la influencia de la cultura del Imperio romano que heredaron los nuevos reinos consolidados en Europa occidental, asimilada por la mayoría de ellos. Hubo una apertura hacia Europa mediante el contacto de estos reinos cristianos continentales con los alejados países del norte, en los que vieron interesantes posibilidades mercantiles, religiosas y políticas.

En términos generales, se dice que la sociedad media nórdica, hasta ahora poco estratificada y con no excesivas diferencias económicas y sociales, iba evolucionando hacia una sociedad en la que el dominio de los reyes y, sobre todo, de los grandes señores se hacía cada vez mayor. Empieza a aparecer una nueva clase de nobles con gran capacidad económica, que se distancia del resto de la población, cada vez más dependiente de los grandes señores. Por tanto la división de la sociedad de esta época se estructuraba en torno a los reyes o jefes con una aristocracia que les apoyaba, los hombres libres, campesinos y comerciantes, y los esclavos, aunque en opinión de Régis Boyer la palabra y la realidad de los esclavos no se correspondía con lo que nosotros entendemos por ello. Dice Boyer que *un individuo capturado en una expedición podía ser liberado bien pagando una suma previamente convenida o por recompensa por los servicios prestados, por tanto la palabra esclavo (praell) podía designar a un extranjero sin importar su procedencia, que no se ha integrado en la familia por la razón que sea.* Pero lo cierto es que los vikingos realizaron verdaderas expediciones para capturar esclavos pues éstos se habían convertido en objeto de un comercio muy productivo, tanto en su propia tierra como en Oriente y Occidente donde eran vendidos a cambio de importantes cantidades de plata. La mayoría eran ocupados en realizar trabajos agrícolas, por lo que su papel en la economía debió de ser muy importante. Formaban parte de la clase más baja de la sociedad y apenas se han encontrado restos de su presencia en las tumbas, por lo que se cree que no se les permitía ser enterrados a no ser como acompañantes de sus señores en el viaje al Más Allá.

Los reyes no tenían mayor poder que el que les daban sus ejércitos. Cuanto más hombres tenían y mejores guerreros eran, mayor prestigio alcanzaban entre la población. Pero a medida que la sociedad evolucionaba también fue cambiando su poder, que aumentó a medida que se fue centralizando en sus manos. Los reyes adquirían su patrimonio no sólo de la riqueza que generaban sus tierras sino también de los impuestos reales que cobraban de las unidades territoriales sobre las que gobernaban, sobre todo por los derechos de mercado o tasas comerciales. Ya a finales del siglo VIII algunos reyes acuñaron moneda en Dinamarca, en concreto han aparecido monedas en las localidades de Ribe y Hedeby. Pero no sería hasta el siglo XI, al formarse las primeras organizaciones estatales fuertes, cuando la acuñación de moneda se hizo habitual entre los reyes noruegos y suecos. La soberanía de los diferentes reyes y príncipes locales fue desapareciendo, no sin esfuerzo, en favor de una monarquía absoluta y centralizada bajo un único cetro. Este proceso no fue simultáneo en toda Escandinavia; primero fue Dinamarca el reino que concentró el dominio soberano en una sola corona, le siguió en el tiempo Noruega y finalmente Suecia.

La monarquía ya no era totalmente electiva sino que fue haciéndose, aunque todavía en menor grado, hereditaria. El poder de las familias reales se consideraba hereditario entre cualquier miembro masculino de la familia, fueran hijos legítimos o naturales. Naturalmente, esto dio lugar a numerosas disputas dinásticas entre los herederos que hacían valer su derecho a la sucesión. Como consecuencia, era normal sobre todo en Noruega hacia el siglo X, dividir el territorio en regiones que eran gobernadas, cada una, por un jefe local o rey. Otras veces, el deseo de poder llevaba a verdaderas luchas fratricidas entre los pretendientes que podían hacerse con el trono por la fuerza, después de haberse procurado grandes riquezas y completar poderosas flotas.

El séquito del rey estaba formado por los hombres que le acompañaban siempre en sus desplazamientos y en las batallas. Formaban algo así como su guardia personal. Había tres clases de nobles que servían al rey. La de más alta categoría estaba formado por los *jarlar* o condes, quienes gobernaban un territorio acatando la autoridad del rey, pero sin recibir sus poderes de él. A continuación los *landmann* o barones, que estaban sometidos al rey por una relación de vasallaje y recibían sus poderes directamente de él y por último los *armann* o senescales encargados del mantenimiento de la casa real.

Por debajo de las familias reales y aristocráticas se encontraba la clase social más grande que formaban los hombres libres. La mayoría eran campesinos, algunos se dedicaban al comercio y otros eran siervos o criados. Al igual que sus cercanos antepasados, su organización social se centraba en torno a la familia bajo el poder del jefe y su clientela o séquito, formado tanto por campesinos libres como esclavos o libertos. La sociedad escandinava era fundamentalmente campesina, que amaba la tierra y llevaba una vida tranquila, agrupada alrededor del clan o familia, la *soberanía doméstica* de la sociedad germánica tradicional, donde la lealtad al clan y los lazos familiares eran los elementos fundamentales en los que basaban sus relaciones. La tierra era la principal fuente de riqueza y era determinante para establecer la posición social entre los hombres libres. Algunas de estas familias se convirtieron en importantes terratenientes que poseían grandes extensiones de tierra, cuyas granjas podían ser arrendadas a otros arrendatarios de los que recibían impuestos en especie. Además, las riquezas obtenidas en las expediciones vikingas y las transacciones comerciales que realizaban con los productos que capturaban favoreció la creación de esta clase social de grandes señores que cuanta más riqueza tenían más relevancia política y social adquirían. Las diferencias sociales y económicas de la sociedad se fueron acentuando. Mientras que los nobles cada vez eran más numerosos y su poder más fuerte, la sociedad campesina fue acusando estas desigualdades económicas y poco a poco se vio forzada a una dependencia cada vez mayor del dominio de esos grandes señores. La sociedad tradicional, hasta ahora sin significativas diferencias económicas, estaba evolucionando hacia el modelo feudal de la Europa de la Edad Media.

La tradición nórdica incluye un poema titulado *Rigsthula* o la *Canción de Rig* donde se explica el origen de los tres grandes grupos sociales de la sociedad escandinava. El dios Heimdall adoptó forma humana con el nombre de Rig. Acogiéndose a la norma de hospitalidad visitó tres casas en las que habitaban una pareja pobre, otra de riqueza media y otra rica. De la unión con la mujer pobre nació un niño al que llamaron Siervo y de él nacería toda la estirpe de esclavos. Con la segunda mujer tuvo un hijo, el Hombre libre y de él descendería todo el linaje de los hombres libres. Por último, engendró un hijo con la mujer rica al que llamaron Noble y fue el padre de todos los nobles y reyes. Por esta razón al dios Heimdall también se le conoce como el «padre de todos los hombres».

Guerreros y armas

El hombre nórdico, campesino, comerciante o guerrero, se sentía fundamentalmente libre, dependiente de él mismo, sin más vínculos que los debidos a la familia y a la tribu a la que pertenecía. Por eso cualquier grupo guerrero desembarcaba y atacaba cuando mejor le convenía. No eran acciones de guerra obedeciendo el mandato de un rey sino meros actos de saqueo cuando lo estimaban oportuno. Con el paso de los años estas primeras escaramuzas se fueron convirtiendo en largas campañas de conquista y ocupación de territorios, donde impondrían su dominio empezando a sentarse las bases de las futuras soberanías estatales. Los guerreros vikingos empezaron a someterse a un poder organizado a medida que las campañas militares aumentaban en número y en fuerza. Esto implicaba importantes cambios para la comunidad libre de guerreros y campesinos. Una compleja organización administrativa se fue tejiendo a su alrededor y se vieron obligados a sacrificar su tradicional independencia personal por la sujeción a una severa disciplina.

Y fueron precisamente las actividades guerreras las que introdujeron algunos cambios en los comportamientos sociales de los hombres escandinavos de la era vikinga. La sociedad seguía siendo campesina, pero a la vez empezó a ser fundamentalmente guerrera. Cuando los hombres se reunían alrededor del jefe militar que les conducía a la batalla, que la mayoría de las veces se libraba muy lejos de sus casas, los ancestrales lazos familiares pasaban a un segundo plano porque lo verdaderamente importante eran los amigos, la lealtad al compañero de armas, al jefe que les llevaba a la victoria, al guerrero con el que vivía una nueva vida llena de peligros pero también de gloria. La sociedad estaba cambiando. El hombre campesino llevaba una vida sedentaria y pacífica, se dedicaba a la tierra y daba a los lazos familiares una importancia absoluta. Los clanes o familias solían ser muy numerosos, por lo que el jefe debía velar para que no les faltasen provisiones con las que atender a todas las personas que lo integraban y a ello dedicaba todos sus esfuerzos. La llegada del cristianismo a Escandinavia, la progresiva conversión de la población a la fe católica y el mandato de la Iglesia prohibiendo las luchas y las guerras fratricidas entre clanes rivales, hizo que esta sociedad campesina acabara imponiéndose. El hombre fundamentalmente vikingo vivía para guerrear, para conquistar y saquear los mayores tesoros posibles, en definitiva para alcanzar la riqueza y la fama. Pero junto a éstos, había otra clase de hombres, los que eran a la vez campesinos y vikingos. Durante la temporada de invierno su clan o familia era lo más importante, vivía con ellos y a ellos se dedicaba con tesón. Pero cuando el invierno terminaba dejaba la familia, tomaba sus armas y se embarcaba con su grupo de guerreros para realizar nuevas conquistas y traer buenos botines a su granja, incluidos un buen número de esclavos, que utilizaba para las labores agrícolas o vendía en el mercado. La *saga de Egil* nos cuenta cómo realizaron una acción de saqueo en las costas de Frisia:

Arinbjörn permaneció ese invierno en su hacienda y luego, en primavera, dijo que tenía intención de salir a vikingo... preparó tres naves de guerra, todas ellas de gran tamaño; llevaba trescientos sesenta hombres; en su barco iba la gente de su casa y estaba perfectamente equipado... Egil decidió viajar con él, pilotaba un barco y con él iban muchos de los marineros que le habían acompañado desde Islandia. Arinbjörn y Egil llevaron las naves rumbo sur, luego pusieron proa a Sajonia y allí estuvieron saqueando durante el verano y consiguieron muchas riquezas. Cuando empezaba el otoño volvieron hacia el norte y llegaron a Frisia... Decidieron desembarcar y dejaron una tercera parte de la gente para vigilar el barco, avanzaron junto al río, entre éste y el bosque; a poca distancia de ellos había una aldea y en ella muchos campesinos, todo el que pudo escapó corriendo de la aldea en cuanto se dieron cuenta de que llegaba la hueste y los vikingos les persiguieron. Luego había una segunda aldea y una tercera, toda la gente que pudo escapó... La gente escapó hacia el bosque y cuando los vikingos estuvieron en la zona habitada los frisones se

Yelmo vikingo procedente de un ajuar funerario.

Estela funeraria procedente de Gotland.

Guerrero escandinavo.

Barco de Oseberg (Reconstrucción).

Espada vikinga procedente de un ajuar funerario.

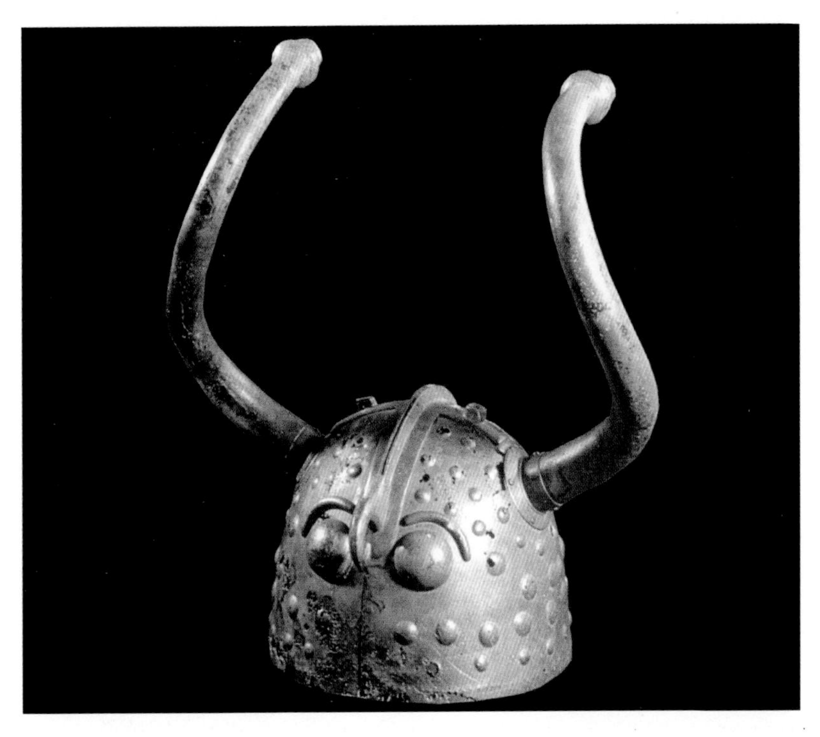

Casco de Vikso (Zealand).

Hacha ceremonial procedente del norte de Dinamarca.

Disco de cinturón.

Carro votivo de Trundholm.

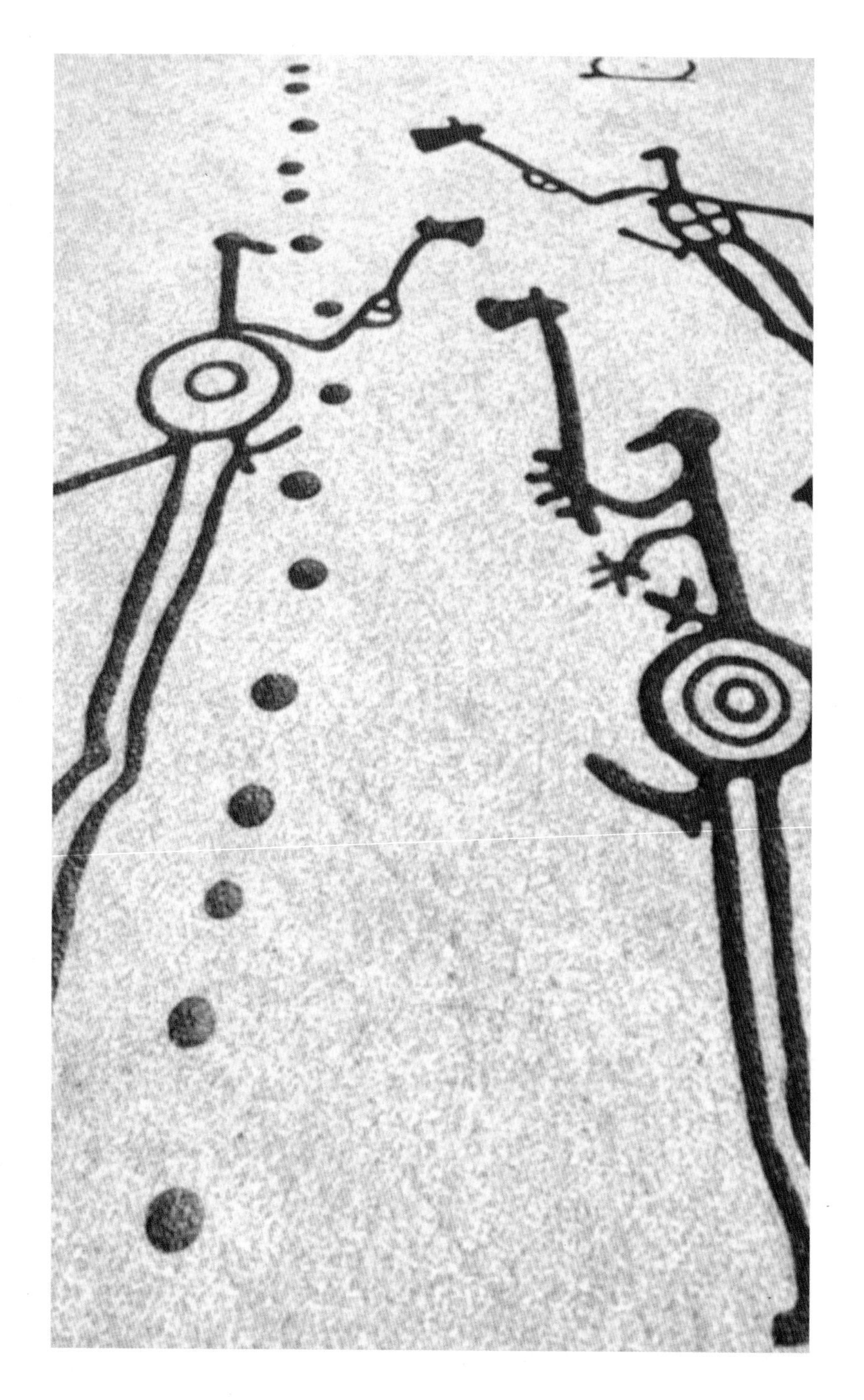

Figuras esquemáticas halladas en una cueva de Bohuslän (Suecia).

reunieron en el bosque y cuando se hubieron reunido trescientos sesenta hombres, se dirigen hacia los vikingos dispuestos a luchar contra ellos. Hubo dura lucha y al fin los frisones huyeron y los vikingos los persiguieron... Los vikingos habían conseguido gran botín y habían saqueado la costa y cuando llegaron a los barcos algunos mataron las reses mientras otros llevaban el ganado a los barcos y otros formaban una muralla de escudos porque los frisones se habían aproximado en gran número y tiraban contra ellos... Van entonces a sus barcos y se marcharon del país, navegaron hasta Dinamarca.

La organización militar nórdica en el período vikingo venía siendo casi la misma de épocas anteriores. Ahora los hombres libres podían portar armas, pero seguían estando obligados a responder a la llamada de su jefe o rey para acudir a la batalla. Además, tenían que llevar el equipamiento necesario para el combate, que normalmente para estos campesinos y comerciantes, no sería otro que una simple hacha, la que utilizaban diariamente como medio de trabajo, que se transformaba en arma de combate. Así, por ejemplo, los reyes suecos establecieron divisiones territoriales, compuestas cada una por un número determinado de granjas, que debían aportar, cuando el rey lo pidiera, una nave dotada de la tripulación y el armamento necesario. También en Noruega se establecieron distritos administrativos, cada uno de los cuales debía aportar a la leva una embarcación completa con un número determinado de hombres. Los barcos de guerra se utilizaban para transportar a los guerreros y el armamento al campo de batalla, que normalmente tenía lugar en tierra. La mayoría de los guerreros combatían a pie, pero el hecho de que se hayan encontrado caballos junto al equipo de combate en las tumbas de algunos jefes o terratenientes podría indicar que la clase dominante habría formado parte de una discreta caballería.

Los guerreros vikingos eran fuertes, disciplinados y no temían a la muerte. Sus cualidades guerreras eran exaltadas incluso por sus enemigos. Por eso no era extraño que algunas huestes vikingas se aliaran con los reyes adversarios, como mercenarios a cambio de un buen sueldo. No era una práctica extraña para sus costumbres pues ya sus antepasados germanos se aliaban, como federados, en las filas del ejército romano. La *saga de Egil* recoge esta conducta: *como Egil y su hermano Thórólf supieron que el rey de Inglaterra necesitaba tropas y que podían conseguir un buen botín decidieron ir allí. El rey de Inglaterra les invita a quedarse para defender sus fronteras y acuerdan ponerse a su servicio... Llevaban consigo trescientos de sus hombres, que estaban todos ellos al servicio del rey.*

Las crónicas occidentales resaltaban su valor y coraje en la batalla, su agilidad, astucia y osadía. Se les describe como hombres de gran estatura, de tez clara y de pelo rubio o pelirrojo, totalmente armados que vestían con una prenda de cuero sobre la que colocaban una cota de malla. Cubrían su cabeza con un casco cónico de acero que contaba con protección nasal incluso de las mejillas y alrededor de los ojos. Sin embargo, sólo se ha encontrado un casco que responda a esas características en un asentamiento noruego y los lujosos y trabajados cascos del anterior período de Vendel, con altas crestas adornadas y protecciones que cubrían el rostro, no se utilizaron durante la época vikinga. Tampoco se ajusta a la realidad la imagen del guerrero vikingo con casco de enormes cuernos, como tradicionalmente se les representa, pero ha quedado en la memoria de la leyenda y del folclore quizás influenciada por aquellos cuernos de oro que utilizaban sus antepasados para beber y que se han encontrado, en algunos yacimientos funerarios, o los cascos rituales con cuernos de lira encontrados en Vikso, Dinamarca, y que se cree fueron realizados hacia el final de la Edad de Bronce nórdica. Lo que parece más probable es que la mayoría de los guerreros vikingos utilizaran una gorra de cuero y sólo las clases más poderosas de la sociedad o aquellos guerreros que actuaban en la defensa o guardia personal de los reyes utilizaran cascos cónicos de acero, con sencillas protecciones nasales. Lo mismo ocurría con la cota de malla que servía de protección a los guerreros más ricos, pues la mayoría utilizaba chaquetas de cuero acolchadas. Sin embargo, sí era frecuente el uso de cascos cónicos de acero y largas cotas de malla entre los guerreros escandinavos de Normandía.

Otro medio de protección, quizás el más eficaz, era el escudo. Normalmente eran redondos, hechos de madera y recubiertos de cuero. Con tiras de hierro reforzaban los bordes y en la parte interior central una pieza, también de hierro, permitía al guerrero sujetar el escudo con la mano. Algunos eran de gran tamaño, por lo que podían proteger el cuerpo desde los hombros hasta casi las rodillas, y a menudo estaban pintados, como el encontrado en Gokstad que medía un metro de diámetro y aparece decorado con anchas bandas negras y amarillas.

El hacha de combate, la espada y la lanza constituían las principales armas de los guerreros nórdicos. También utilizaban otras como pequeños cuchillos que podían arrojar con facilidad sobre sus enemigos en el combate cuerpo a cuerpo o arcos de madera de tejo con los que disparaban flechas de madera con puntas de hierro. Las cortantes hojas del hacha se soldaban a un bloque de hierro que, a su vez, sujetaban a un largo mango de madera. La mayoría de las hachas de combate encontradas en las tumbas no presentan ninguna decoración por lo que podrían confundirse con las utilizadas como aperos de trabajo. Sin embargo, en la localidad danesa de Mammen se ha encontrado un hacha, que pudo ser utilizada en ceremonias rituales, profusamente decorada con damasquinados en las dos caras de la hoja y que formaba parte de los bienes mortuorios de un rey o de un importante señor. Esta clase de decoración ha dado su nombre al estilo artístico de Mammen del arte vikingo.

La espada era el arma principal del vikingo. Su larga hoja de doble filo era muy afilada y fuerte, pero a la vez flexible y ligera para manejar. Las realizaban soldando largas tiras de hierro unas a otras hasta formar un bloque al que soldaban por los lados otro filo más duro y afilado. Después, pulían la hoja y hacían una pequeña ranura de arriba abajo con el fin de darle mayor flexibilidad. Una vez terminada procedían a adornar la empuñadura, la mayoría eran de madera con decoraciones de motivos de animales o damasquinados. Los hombres guardaban sus espadas en vainas que fabricaban con tiras de madera que cubrían con cuero y forraban con lana, pues de esta manera facilitaban su conservación y retardaban el proceso de oxidación.

Pero la espada, además de arma de combate para el guerrero era también un signo del nivel que éste ocupaba en la sociedad. Por eso la calidad y la decoración de la espada iba en consonancia con el poder y el rango social alcanzado por su portador. En esta época las hojas de espada más deseadas y de mayor prestigio por su fuerza y calidad, eran las que salían de los talleres de los herreros francos. Se han encontrado en muchas tumbas de Escandinavia donde se piensa que pudieron llegar bien como botín de guerra o como intercambio comercial. Se importaban sólo las hojas a las que luego se les montaba la empuñadura que realizaban en los talleres escandinavos.

Las lanzas también constituían un eficaz medio de ataque para los guerreros nórdicos. Sus hojas eran de hierro, realizadas también con la técnica de soldadura, que sujetaban a un mango de madera mediante una especie de arandela. Al igual que las espadas, las lanzas de mejor calidad, algunas de las cuales presentan las arandelas decoradas con diferentes motivos en bronce o en plata, pertenecían a los guerreros que habían alcanzado una elevada categoría social.

De entre todos los guerreros los más temidos eran los *berserkers*, término que se traduce por loco o furioso. Eran tan violentos y salvajes en sus batallas que antes de comenzar el combate entraban en éxtasis perdiendo la razón. No se descarta la ingestión de algún tipo de hongo e incluso se habla de estado de hipnosis, en el que al escuchar los gritos de guerra se lanzaban contra el enemigo con una violencia y furia incontrolada. Algunas veces, cubrían sus cuerpos con pieles de lobos y otros animales salvajes, pues según las tradiciones escandinavas adquirían la fuerza de los animales que portaban. Antes de comenzar la batalla proferían terroríficos gritos y aullidos, como animales feroces, mordían sus escudos y se despojaban de las pieles. Otras veces podían entrar en trance aunque no hubiese enemigos que vencer. En estos casos o cuando la victoria había resultado demasiado fácil, eran peligrosos para sus compañeros pues los golpes de espada no distinguían entre amigos ni enemigos, ni rocas ni árboles hasta que la furia se atenuaba y desaparecía.

Las sagas también hablan de *berserkers* que se desplazaban por las aldeas, retando a duelo a los campesinos con la intención de quitarles las tierras y apoderarse de las mujeres y de todos sus bienes. La costumbre establecía que si el retador vencía obtendría la riqueza estipulada, si era derrotado él debería pagar el valor del objeto del duelo y si caía muerto sus propiedades y riquezas serían heredadas por el vencedor del combate. A este respecto dice la *saga de Egil*:

Un hombre llamado Ljót Bleiki que es berserk y aficionado a los duelos y mala persona, llegó y nos propuso la mano de nuestra hija; pero nosotros respondimos que no, entonces retó a duelo a mi hijo Fridgeir... Me gustaría, Egil, que fueras al duelo con Fridgeir... Llegó Ljót con sus hombres y se preparó para el duelo, llevaba escudo y una espada; era muy alto y muy fuerte. Cuando se acercó al lugar designado para el combate le apareció el furor de berserk y empezó a aullar horriblemente y a morder su escudo...

Costumbres sociales

La población nórdica tenía muy desarrollado el sentido de la colectividad y entre otras razones que expliquen este sentimiento de unidad se apuntan los escasos recursos de los que disponían, las difíciles condiciones climáticas que soportaban o el medio tan disperso en el que vivían. Por eso era tan importante para ellos la seguridad que les daba el saberse miembros de una familia, el sentir la fuerza de los lazos familiares y el calor y el refugio que encontraban dentro de su hogar.

En un principio los hombres y mujeres nórdicos se regían por sus ancestrales tradiciones religiosas y leyes no escritas, provenientes del derecho germánico, que aceptaban y respetaban pero los cambios que se produjeron durante el período vikingo y la aceptación y progresiva asimilación de la religión y de la cultura cristiana hicieron que sus formas de organización social, sus costumbres sociales y funerarias o sus creencias religiosas empezaran a evolucionar.

Los grandes jefes de familia y nobles con su séquito de jóvenes guerreros y los campesinos libres se reunían en la asamblea local, *thing*, donde se hacían escuchar, adoptaban sus acuerdos con arreglo a sus propias leyes, juzgaban los delitos cometidos y asesoraban y refrendaban las propuestas del monarca. En un principio era la asamblea de todos los hombres libres en los que no habría ninguna distinción por su categoría social; cualquier hombre libre podía acudir a ella y tenía el derecho de ser escuchado. Pero a medida que fue centralizándose el poder en los monarcas la presencia de los hombres libres en ella se fue haciendo cada vez más restrictiva. En Noruega los *jarlar* empezaron a nombrar a un número determinado de jueces que serían los encargados de dirimir los pleitos presentados a la asamblea. Más tarde, serían nombrados directamente por los reyes. Esto llevó inevitablemente a que la asamblea acabara siendo, a todos los efectos, un órgano judicial y legislativo dependiente del monarca.

El recinto en el que se celebraba la asamblea solía establecerse sobre colinas y se rodeaba, haciendo un círculo, con postes de avellano, según las regiones, pues de acuerdo con sus tradiciones esta madera tenía carácter sagrado. A su alrededor se construían cabañas, con paredes de barro y cubiertas por lonas, que servían de alojamiento durante el tiempo que durase la asamblea. También era frecuente que los habitantes de cada región o distrito tuvieran emplazadas sus cabañas en un lugar fijo. Por eso dentro del *thing* los hombres tenían prohibido llevar armas: no las necesitaban, sólo necesitaban la palabra. Fuera esperaban sus ejércitos, bien armados, por si tenían que entrar en acción cuando las decisiones de los jueces fueran contrarias a sus intereses o consideraran que sus derechos no habían sido reconocidos. En definitiva, además de la ley necesitaban la fuerza de las armas.

Uno de los personajes más importantes en estas reuniones eran los ancianos juristas encargados de decir en voz alta las leyes, el Narrador de leyes, que al no estar escritas debían conservar en su memoria. Y es que el proceso legal tenía que ajustarse a unos procedimientos muy rigurosos y precisos que si no se observaban llevaban irremediablemente a la pérdida del pleito. Los escandinavos habían creado su propio código moral, sus propias reglas basadas en la experiencia y en la inclinación a dejarse llevar por sus conductas humanas y naturales. Y su familia, su clan o su tribu eran las garantes de que cualquier ofensa o delito, a cualquiera de sus miembros, iba a ser convenientemente resarcido de la única manera que sabían y podían: la venganza. Las familias de las víctimas tenían el derecho de vengarse directamente sobre el agresor, pero también sobre sus familiares. La clase de venganza estaba totalmente estipulada en sus leyes según la importancia del delito cometido, la categoría social del culpable y la del ofendido, herido o muerto. Normalmente, la venganza de sangre se sustituía por una compensación económica pero esto no siempre fue aceptado por las familias, que preferían vengar la muerte de sus familiares o amigos matando al agresor o a cualquier miembro de su familia. Resulta curioso que en la mayoría de las sagas sean las mujeres de la familia las que rechacen la compensación económica y prefieran que sus maridos ejecuten la venganza de sangre para salvar el honor familiar. Otras veces, se resolvía un pleito retándose el ofensor y el agraviado en duelo. Cuando se cometía un crimen debían confesarlo pues su ocultación constituía un delito. Así, por ejemplo, cuando se mataba a alguien se cometía un homicidio pero si se ocultaba y guardaba en secreto el delito se hacía más grave y se consideraba asesinato. Uno de los mayores castigos que podía establecer el *thing* era el destierro. La persona castigada con esta pena perdía todos sus derechos y sus propiedades eran confiscadas. Esto significaba que cualquier persona podría matarle sin ser castigada. Por eso, al desterrado no le quedaba otra opción que salir del país. En Noruega la pena del destierro podía ser dictada directamente por el rey. Y si el castigo era sólo por un período de tiempo determinado se prohibía matar al desterrado.

Durante el período vikingo, y antes de que los países nórdicos se convirtieran al cristianismo, los ritos y ceremonias paganas que practicaban en los enterramientos variaban según las regiones pero en general seguían utilizando dos formas: la incineración sobre todo pero también la inhumación. Gracias a las numerosas tumbas excavadas se tiene un conocimiento bastante exacto de sus ceremonias y ritos y en general de su vida y costumbres. De esta manera, los investigadores también han podido establecer dónde se localizaban las granjas y las ciudades y hacer un cálculo aproximado del número de habitantes. Solían enterrarse en promontorios rocosos situados cerca del mar o en colinas o elevaciones de tierra, de mayor o menor altura según la riqueza o posición social del difunto.

Sus costumbres funerarias les obligaban a enterrar a todos los muertos. También a sus enemigos y adversarios y debían hacerlo en el lugar donde les hubieran matado. Antes de incinerar el cuerpo se le vestía con la ropa que utilizaba habitualmente y si poseía joyas y adornos se les prendían de sus vestidos. Después se incineraba en una pira y se separaban sus restos de la ceniza y se depositaban en una urna. Ésta era introducida en la tumba que habían cavado, junto con las posesiones de las que hubiera disfrutado en vida, y después se cubría con montículos de tierra. A continuación marcaban el lugar con piedras que podían adoptar, según las zonas, diferentes configuraciones. Normalmente eran circulares pero en muchos túmulos de Dinamarca se han encontrado dispuestas en forma de barco. Las grandes familias podían disfrutar de tumbas mucho más lujosas y ostentosas y ser enterradas dentro de un barco o de un carro ceremonial para que estos medios de transporte les facilitaran su llegada al Más Allá. Creían que el espíritu de una persona muerta seguía presente en la comunidad por eso necesitaban estar perfectamente equipados y provistos de todos los elementos necesarios para disfrutar de ellos en su nueva existencia. Además, estos objetos de la vida cotidiana acompañaban al difunto en su viaje al Más Allá y cumplían una función religiosa haciéndoles más agradable y llevadero este camino. Después del entierro, al que acudían todos los miembros de la familia y del clan, se celebraba el banquete ritual donde no podían faltar los cantos que ensalzaban las grandes acciones realizadas por el difunto.

En algunos sepulcros de importantes familias, se ha encontrado junto al cuerpo del señor, rodeado de lujosos

Urna de Glusted (Dinamarca). Bronce final.
Museo Nacional de Copenhague.

tenencia, que se supone era un esclavo ofrecido como sacrificio. Algunas fuentes han recogido estos ritos funerarios con sacrificios humanos. Así el árabe Ibn Fadlan, relató un funeral vikingo que él mismo tuvo ocasión de presenciar con motivo de un viaje comercial que realizaba en la zona del río Volga en el siglo X. Comienza contando cómo ya había oído hablar del culto funerario de los vikingos y el interés que tenía por presenciar estas prácticas. Enterado de que uno de sus más prestigiosos jefes había muerto no dudó en acercarse, acompañado de un intérprete, para conocerlo de primera mano:

Cuando el jefe murió los miembros de su familia preguntaron a sus esclavas: ¿quién de vosotras va a morir con él? Entonces una dijo: yo lo haré. Y entonces encargaron a otras dos esclavas que estuvieran a su lado fuese a donde fuese. Después empezaron a confeccionar los trajes del señor y a preparar sus cosas, según debían hacerlo. Mientras, la esclava bebía y cantaba todos los días mostrando gran felicidad. Después sacaron del río el barco y lo colocaron sobre la arena de la playa encima de los soportes de madera de abedul que estaban preparados y a su alrededor había grandes imágenes de madera parecidas a hombres. En el barco depositaron la cama en la que había dormido el difunto y la cubrieron con almohadas y cojines.

Luego se acercó una mujer anciana, muy grande, vieja y gruesa, a la que llamaban Ángel de la Muerte, cuya función era la de vestir al muerto y dar muerte a la esclava. Sacaron al difunto de la tumba y le quitaron la ropa con la que había fallecido para vestirle con pantalones, túnica y abrigo de tela bordada en oro con botones también de oro y le pusieron un gorro de seda con piel de marta y le introdujeron en la cama que había en el barco. Allí lo colocaron sobre mantas, cojines y almohadas de seda griega. Después trajeron botellas de nabidh y frutas que colocaron junto al difunto. A continuación pusieron carne, pan y cebollas. Luego despedazaron un perro por la mitad y lo arrojaron al barco, también trajeron dos caballos, los hicieron correr hasta que el sudor los empapaba y los despedazaron con sus espadas, arrojando los restos al barco. Luego descuartizaron dos bueyes que siguieron la misma suerte. Después trajeron un gallo y una gallina, los mataron y los llevaron al barco. Finalmente, dispusieron las armas que poseía en vida el difunto junto a su cuerpo. Mientras esto sucedía la esclava visitaba a los jefes del campamento y yacía con ellos, que cuando terminaban le decían: Di a tu amo que lo hemos hecho por amor a él.

Cuando llegó la tarde llevaron a la esclava hasta una tabla de madera y la levantaron por encima todo lo alto que podían, y ella decía palabras en su lengua. Y esto se repitió por tres veces. Después le dieron una gallina y la esclava le cortó la cabeza, también a un gallo y los arrojó al barco. Pregunté al intérprete qué significaba aquello y él contestó: Al elevarla por primera vez dijo: «Veo a mi padre y a mi madre». La segunda vez dijo: «Veo sentados a todos mis parientes muertos». La tercera vez dijo: «Veo a mi señor sentado en el Más Allá y el paraíso es hermoso y verde y junto a él hay hombres y jóvenes sirvientas. Él me llama, dejadme ir hacia él». Después fueron todos hacia el barco. Ella se quitó sus brazaletes y se los dio a la anciana que iba a matarla. Las otras joyas se las dio a las muchachas y subió al barco. Entonces llegaron hombres con escudos y palos de madera y le dieron nabidh en una copa para que bebiera. El intérprete dijo que con esa copa se despedía de sus amigas.

Después tomó una copa más y cantó una larga canción. Pero la anciana quería que se diese prisa y la empujaba para que se tendiera junto a su amo muerto. La miré y vi que el miedo la abrumaba. En ese momento los hombres empezaron a golpear en los escudos con sus palos de madera para que no la oyeran gritar y las otras mujeres no tomaran miedo y no quisieran ya morir con sus amos. Después hasta seis hombres yacieron con la esclava. Luego la pusieron tumbada al lado de su amo muerto. Dos de los hombres la agarraron por los pies y otros dos por las manos y la anciana le colocó una cuerda alrededor del cuello y alargó los extremos a dos hombres para que tiraran de ellos. El Ángel de la Muerte le clavó un puñal grande y ancho atravesándole el corazón y luego lo sacó. Los dos hombres tiraron de la cuerda hasta que murió.

A continuación el pariente más joven del muerto tomó una antorcha y prendió fuego. Después caminó de espaldas hacia el barco mirando hacia el pueblo y en una mano llevaba el madero mien-

tras que la otra la llevaba en la parte trasera de su cuerpo. Iba desnudo y prendió fuego a las maderas amontonadas debajo del barco. Después se acercaron los otros hombres con sus teas encendidas y las arrojaron en la hoguera. Todo ardió en llamas, primero el barco, luego la tienda de campaña, luego el hombre y la esclava y todo lo que había en el barco.

No había pasado una hora cuando el barco, el hombre y la esclava se habían convertido en cenizas. Después levantaron en el sitio donde había estado el barco una colina redonda. En la cima colocaron un gran palo de abedul en el que escribieron el nombre del difunto y el nombre del rey de los Rus. Y continuaron su camino.

Pero no es ésta la única descripción de las costumbres funerarias vikingas. Otros viajeros árabes contaron cómo las mujeres preferían ser quemadas vivas para acompañar a sus maridos a la nueva existencia, al paraíso. También los restos de joyas y adornos femeninos encontrados entre los restos de las piras funerarias junto a las armas y otros objetos utilizados por los hombres hace pensar que las mujeres eran quemadas junto a sus dueños o maridos. A medida que los pueblos fueron sustituyendo sus tradicionales creencias paganas por la nueva religión cristiana también la práctica mortuoria de la incineración fue siendo sustituida por la inhumación. Contribuyeron a este cambio las costumbres de los comerciantes extranjeros, la mayoría cristianos, que morían en los centros mercantiles escandinavos y eran enterrados siguiendo sus propias tradiciones. Las ricas tumbas encontradas en un cementerio situado muy cerca de la fortaleza de la ciudad sueca de Birka así lo atestiguan. Estaban formadas por varias cámaras subterráneas, reforzadas con madera, donde depositaban el cuerpo rodeado de sus bienes de uso personal y cotidiano además de comida e incluso, como en alguna de ellas, con perros y caballos. Quizá éstos pudieran constituir otro medio de transporte como ayuda en su viaje al paraíso. En una gran cámara funeraria se encontraron los restos de dos mujeres. Una de ellas debía de ser una gran dama o reina y la otra su esclava. Por la postura en la que se encontró el cuerpo de la sirvienta se cree que fue enterrada con vida y murió asfixiada cuando sellaron la cámara sepulcral. Estos enterramientos en sepulturas subterráneas han aparecido también por toda Dinamarca. En Mammen, Jutlandia, bajo una gran colina se encontró el cuerpo de un hombre en un féretro hecho con madera de encina. Estaba apoyado sobre almohadas y cojines de plumas y aún quedaban restos de su camisa con mangas de seda bordadas en oro y otras prendas de lana también bordadas. A sus pies hallaron dos hachas de combate, una de ellas ricamente adornada con incrustaciones en plata.

En el túmulo de Oseberg, Noruega, fue enterrada una mujer, que se cree pudo ser la reina Asa, y que se ha datado de mediados del siglo IX. La leyenda cuenta cómo el rey Halfdan de Noruega se opuso a entregar a su bella hija, Asa, en matrimonio al rey Gudröd. Éste, despechado, mató al rey noruego y raptó a la princesa, llevándola por la fuerza al lecho nupcial. Asa pareció someterse a la nueva situación pero en realidad sólo pensaba en la manera de vengar la gran afrenta cometida sobre ella y sobre su familia. Cuando su hijo Halfdan había cumplido un año se presentó la oportunidad que estaba esperando. Con motivo de un viaje, el rey Gudröd atracó su barco en una bahía. Por la tarde, celebraron una gran fiesta a bordo y todos los hombres, incluido el rey, se emborracharon. Cuando oscurecía el rey bajó del barco y antes de llegar a tierra un hombre le atacó con su lanza y le mató. Rápidamente apresaron al asesino y le ejecutaron. Al día siguiente reconocieron que era el criado de la reina Asa. Naturalmente, la orgullosa reina reconoció estar detrás de esta muerte y los hombres del rey, asombrados por la autoridad y energía de Asa, doblaron su rodilla ante ella en señal de respeto y reconocimiento como su soberana. Desde ese momento dirigió el país hasta que su hijo Halfdan asumió el gobierno.

La reina estaba colocada en un barco, acompañada de una sirvienta de unos sesenta años de edad. Estaba rodeada de multitud de ricos y lujosos objetos, de muy variada procedencia, que formaban parte de su vida cotidiana y que necesitaba en su larga ausencia: cazuelas, platos, fuentes, piedras de amolar, ollas, cubos, cuchillos y hachas. Junto a esto, el alimento necesario para su viaje al otro mundo, entre los que se incluían cestos de manzanas, trigo, nueces y un gran cubo con capacidad para más de cien litros de agua. También había abundante forraje para los quince caballos, cuatro perros y un buey que la acompañaban. Sus familiares no olvidaron poner cuatro telares con hilos, husos y tijeras y lujosas mantas, cojines, almohadas, telas y tapices. Además de un espléndido carro, tres trineos, una silla, dos tiendas de campaña, tres mesas y tres arcones de madera.

También en Noruega se descubrió el barco de Gokstad, que contenía la cámara funeraria, con forma de tienda de campaña, de un prestigioso jefe local. Se encontraron utensilios agrícolas como hachas y azadas, diversos útiles de cocina como platos, cazuelas, cuencos y cubos que contenían agua para beber. También le acompañaban seis perros y doce caballos. Junto a él encontraron esquíes, tres botes con remos, una gran olla de bronce, un tablero de madera para jugar al ajedrez y seis camas muy grandes, acordes con su gran estatura pues medía cerca de 1,80 metros. Sin embargo, por los estudios realizados se cree que desde el siglo X desapareció en este país la práctica de enterrar las posesiones materiales del difunto y poco a poco también fue desapareciendo en el resto de países nórdicos excepto en Finlandia donde continuó la costumbre de inhumación con ajuar funerario hasta bien entrado el siglo XII. Con ello desapareció también la rica fuente de conocimiento que habían supuesto para los arqueólogos todos los bienes mortuorios depositados en las tumbas.

Fortalezas, aldeas y ciudades

Tradicionalmente se ha resaltado la independencia y la autonomía personal de los hombres del norte en la época vikinga como una perfecta anarquía en la que los hombres con astucia, fuerza y valor, sin retroceder nunca, conseguían todo aquello que se proponían. Y en eso radicaba precisamente su fuerza, en la audacia de unos pocos hombres agrupados en comunidades libres. De esto se podía deducir que no obedecían a ningún tipo de organización social, política o comercial. Sin embargo, las fortalezas reales descubiertas en Dinamarca por los arqueólogos nos demuestran que no fue así y que, por lo menos en Dinamarca, hacia el final de la época vikinga ya existía una organización de poder centralizado. Curiosamente los planos de esos fuertes son muy similares por lo que los investigadores piensan que su construcción responde al mandato de un solo rey y que sirvieron como centros desde donde el poder real controlaba la población, el comercio y la recaudación de impuestos entre la población campesina más que como cuarteles donde se reunían los ejércitos para preparar las grandes batallas. Efectivamente cumplían una misión defensiva asegurando, dentro de sus murallas, la vida cotidiana de sus habitantes, quienes además de guerreros eran campesinos, ganaderos, pescadores o herreros. También es posible que estuvieran guarnecidos por tropas preparadas para vigilar y mantener el orden y la autoridad real en todas las comarcas vecinas.

La semejanza de los planos de estas fortalezas danesas, todos circulares aunque variando sus dimensiones, la precisión y rigurosidad con la que fueron trazados ha sugerido a los investigadores la posibilidad de que fueran dirigidos por una única persona. Todas se construyeron a finales del siglo X, durante el reinado de Harald I *Diente Azul*, y parece que no fueron habitadas durante mucho tiempo. Después de abandonarlas nunca más volvieron a utilizarlas.

En la isla danesa de Zealand, también conocida como Sjaelland, situada al este de Dinamarca, se han encontrado los restos de una compleja instalación defensiva llamada *Trelleborg*. Una muralla circular, con cuatro pequeñas aperturas que les servían como puertas, rodeaba el conjunto de dieciséis casas, bajas y alargadas, dispuestas de cuatro en cuatro formando un cuadrado. Todo el muro estaba rodeado en su interior por una empalizada de madera. Las casas se comunicaban por caminos o calles que partían desde cada puerta y se cruzaban en el centro del recinto formando un ángulo recto. El piso de las calles estaba cubierto de madera y se supone que servía para salvar el agua, que se acumulaba en épocas de lluvia, al actuar de contenedor el muro circular que las protegía. En el foso exterior, fuera de la muralla, edificaron quince casas más formando un arco. En Aggersborg, Jutlandia, se ha encontrado una fortaleza similar. Esta vez se trataba de cuarenta y ocho casas dispuestas en doce cuadrados rodeados de una muralla circular con cuatro puertas. Los investigadores estiman que eran campamentos militares. Los arquitectos y constructores que diseñaron y edificaron estos fuertes desarrollaron una perfecta técnica arquitectónica demostrando sus conocimientos lineales, numéricos y geométricos, fruto sin duda de un trabajo bien organizado. En Fyrkat, al nordeste de Jutlandia, también se ha hallado una fortaleza similar con cuatro cuadrantes y compuesto cada uno de ellos por cuatro edificios largos y simétricos dentro de una muralla circular cuyo interior se había protegido con maderas para dificultar el asalto de los enemigos. Se ha demostrado que estos edificios fueron utilizados como viviendas familiares y como talleres en los que trabajaban los herreros y joyeros.

Aunque las defensas y fortalezas nórdicas ya se construían antes de la época vikinga, sobre todo con el propósito de dar seguridad y servir de refugio a sus habitantes contra los ataques de otras tribus o clanes, fue durante este período de cambios generales y luchas continuas cuando se generalizó su construcción y raro era el pueblo o ciudad que no contaba con un sistema de defensa.

Las empalizadas de madera eran un elemento imprescindible en las aldeas que se amurallaron para defenderse de las agresiones exteriores que importunaban su vida cotidiana. La actividad principal desarrollada en la granja era la agricultura pero también la ganadería. Los campos cultivables y los prados donde pastaban los animales se encontraban en los alrededores de los asentamientos por lo que los campesinos accedían con facilidad a sus campos de trabajo.

Las fuentes arqueológicas establecen diferencias en las dimensiones y emplazamientos de estas granjas en Dinamarca, Suecia y Noruega. Naturalmente no todas son iguales en su construcción, en el diseño de los edificios, en el número de viviendas o en su distribución pero sí es cierto que presentan algunas características que son comunes a todas ellas.

En la mayoría de las granjas noruegas las familias vivían aisladas, separadas unas de otras por grandes distancias y casi todas se han encontrado situadas en las regiones del sur del país. Cada granja contaba con un edificio destinado a vivienda y con otras dependencias cuyo número variaba también en relación a la riqueza de la familia. Estas dependencias auxiliares se utilizaban como graneros, establos, talleres o como viviendas para los esclavos. Los edificios estaban construidos con gruesos muros de piedra y tepe y el interior de las viviendas estaba forrado de madera.

Las aldeas danesas eran bastante grandes y podían agrupar un buen número de granjas, cada una situada en una parcela vallada e independiente. Dentro del recinto había varias edificaciones, todas hechas de madera, cuyo número dependía de la posición social que ocupara la familia. Se han encontrado restos que demuestran la existencia de siete u ocho dependencias en la granja. La casa más grande era utilizada como vivienda familiar y adosada a ella se encontraba la cuadra. En el resto de edificios los hombres guardaban los cereales, emplazaban los talleres o servían como viviendas para los sirvientes y esclavos. También se ha descubierto que algunas de estas granjas tenían sus edificaciones distribuidas alrededor de un terreno libre situado en el centro del recinto que bien podría haber sido utilizado como lugar de reunión de sus habitantes para celebrar fiestas o cualquier otra actividad social.

Las primeras ciudades nórdicas que aparecen en el siglo VIII fueron fundadas por algún importante jefe local, príncipe o rey, que estableció allí a un número determinado de comerciantes, por ser lugares privilegiados en las principales rutas comerciales. La principal actividad que desarrollaba la población, y por tanto sus principales fuentes de ingresos, era comercial y manufacturera mientras que la agricultura y ganadería apenas tenían importancia. El aumento del comercio, que generaba sustanciosos ingresos en concepto de impuestos por tráfico de mercancías, hizo que estos pequeños centros mercantiles se desarrollaran con rapidez y crecieran en riqueza y bienestar y en número de habitantes, pues la gente acudía a las ciudades atraídas por su prosperidad económica. En cuanto a la ordenación de las ciudades apenas se encuentran diferencias con los asentamientos rurales en aldeas, excepto en la mayor densidad de población. Dentro de un recinto cerrado la casa de mayores dimensiones constituía la vivienda de la familia, y en el resto de edificaciones los artesanos montaban sus talleres donde elaboraban los productos que luego vendían en el mercado, tanto local como exterior.

Las ciudades convertidas en importantes centros de comercio también tenían que defenderse de los ataques de los piratas que acudían atraídos por los lujosos y ricos objetos que allí se intercambiaban. Se empezaron a levantar muros de tierra y tepe, en forma semicircular y de diferentes alturas según los emplazamientos. Los fosos, también de diferente profundidad y anchura, y la empalizada de madera servían como protección adicional. Normalmente los pueblos recibían los ataques desde tierra pero también debían proteger sus puertos de la llegada de barcos enemigos. Para impedir la llegada de las embarcaciones hasta la orilla levantaban empalizadas, también en forma semicircular, con estacas y maderas sumergidas en el agua.

Las excavaciones arqueológicas realizadas hasta ahora han descubierto restos de este sistema defensivo semicircular en todo el territorio escandinavo. En Hedeby, la antigua Haithabu, actualmente en territorio alemán, se levantó una gran muralla de tierra que llegó a alcanzar, en algunos tramos, una altura de casi 10 metros y 13 metros de ancho; su longitud también era considerable llegando a unirse con la antigua línea defensiva del Danevirke, que también le servía de protección. La primitiva muralla del Danevirke que el rey danés Godofredo reforzó hacia el año 808, como frontera defensiva contra los ataques del Imperio carolingio, fue fortificada y completada durante el reinado de Harald *Diente Azul*. También la próspera ciudad de Birka, empleó este sistema de defensa envolvente. Una muralla semicircular de madera protegía la entrada a la ciudad por tierra y una empalizada de estacas y madera, también en línea curva, con una pequeña entrada al puerto para sus propias naves defendía la bahía de los ataques por mar. También se encontraron restos de estos sistemas defensivos circulares en otros asentamientos como Ribe, en Dinamarca, o Vaästergarn, en la costa occidental de la isla sueca de Gotland.

Antes de que las ciudades comerciales se protegieran con murallas defensivas, los fuertes construidos en lo alto de las colinas, generalmente en terrenos rocosos y muy accidentados, servían de protección y refugio a la población cuando era atacada. El rocoso y abrupto paisaje de Noruega y Suecia favorecía la construcción de esta clase de fortificaciones, muchas de ellas anteriores al período vikingo. Los hombres levantaban los muros utilizando tierra que mezclaban con grandes piedras, normalmente de granito, y tenían las dimensiones suficientes como para poder acoger a la población en caso de conflictos. Por los restos encontrados se cree que algunos de ellos pudieron tener una importante significación religiosa como lugares asociados al culto, en el que la población practicaba ritos ceremoniales; en otros casos se cree que pudieron ser centros del poder real donde permanecían las tropas, pero en todos ellos los habitantes de las aldeas y ciudades siempre encontraban refugio.

El desarrollo urbano no se produjo simultáneamente en todos los países nórdicos. En Dinamarca a finales del siglo X, y en Noruega a finales del XI los reyes empezaron a fundar un número importante de ciudades, con calles de suelos firmes y alisados, carreteras y puentes para facilitar la comunicación y el comercio con otras ciudades. El aumento del poder centralizado de los reyes para conseguir la unidad del país y la influencia del cristianismo en la formación de esas unidades nacionales fueron factores determinantes para la creación de auténticos centros urbanos.

La llegada del cristianismo introdujo un elemento nuevo en la cultura vikinga con la construcción de las primeras iglesias de madera de duelas en las ciudades: ésta es una edificación típica de Noruega, aunque se ha encontrado en otros lugares de Escandinavia. No ha sobrevivido ninguna de las iglesias construidas en la primera época, en el siglo XI, en cambio sí que lo han hecho las levantadas al final de la época vikinga, durante los siglos XII y XIII. La técnica de «duelas» consistía básicamente en ensamblar hileras de madera verticales, ligeramente curvadas, sujetadas por dos maderas horizontales que tenían ranuras en la parte superior e inferior de la pared. De esta manera, la estructura se elevaba sobre el suelo evitando su deterioro por humedad. Los interiores estaban muy trabajados y con adornos en los que no faltan los dibujos serpenteantes y las estilizadas figuras de animales entrelazados entre sí; en el exterior, los vértices de los tejados aparecen decorados con cabezas de diferentes animales.

Una serie de factores diversos, como el desarrollo del comercio, el impulso de las ciudades y centros mercantiles, que generaban mayores riquezas y por tanto también mayores beneficios para la población, las expediciones de los piratas vikingos, las luchas y enfrentamientos por las sucesiones dinásticas, produjeron todos ellos unos cambios decisivos en la sociedad de la época, pero también crearon un clima de conflictos y de inseguridad que favoreció el arte de la construcción defensiva.

CAPÍTULO IV

VIDA FAMILIAR Y DOMÉSTICA

Estructura familiar de los pueblos del norte

El orden social de la época vikinga descansaba en la familia entendida tanto en su sentido estricto como en el más amplio de pertenencia a un clan o tribu. Los lazos familiares eran tan intensos y sagrados que todos sus miembros venían obligados a respetar y a obedecer las decisiones del cabeza de familia. Pero no sólo se pertenecía a una familia por vínculos de sangre o de matrimonio sino también por adopción, siendo en algunos casos estos lazos afectivos tan intensos o más que el parentesco de sangre. Son abundantes las referencias que las *sagas* hacen de este hecho pues era práctica frecuente, entre los miembros de las clases altas, que alguno de sus hijos fuera acogido y educado por importantes señores, muchos de ellos reyes; de esta manera conseguían ampliar los lazos familiares y alcanzar mayor prestigio y posición social para su familia.

El jefe de familia era a la vez responsable de todos ellos y debía procurar los recursos necesarios para su cuidado y mantenimiento. Para ello se encargaba de las labores del campo y la pesca, realizaba expediciones de comercio y de saqueo y volvía con importantes botines que aumentaban las arcas de la familia o sacrificaba a los animales para llenar con su carne la despensa. También a los hombres estaban reservados los asuntos políticos y públicos en general como la asistencia al *thing* y el resarcimiento legal en caso de afrenta o ultraje a cualquier miembro de la familia.

Sin embargo, aunque pudiera parecer que en la sociedad escandinava de esta época, al igual que sucedía en todas las sociedades medievales, el papel que desempeñaba la mujer era de segundo orden en un mundo gobernado por feroces guerreros y autoritarios jefes locales y familiares, la mujer gozaba de cierta autonomía (podía poseer sus propias riquezas y tierras e incluso abandonar a su esposo y solicitar el divorcio) y de una gran autoridad y ascendencia entre los miembros de la familia. Sus opiniones eran escuchadas y respetadas y velaba por el honor de la familia recordando a los hombres el derecho de venganza que exigían sus costumbres y tradiciones.

Que el papel que desempeñaban las mujeres en la sociedad era diferente, si lo comparamos con el de las mujeres de la Europa cristiana o de las mujeres de los países árabes, ha quedado reflejado en las fuentes escritas que nos han llegado. Si bien es cierto que el mayor grado de autoridad y de independencia de la mujer nórdica en todos los sentidos, incluidas las costumbres sexuales más permisivas, fue presentada por los autores en un sentido negativo, unos influenciados por la doctrina del cristianismo y otros por la particular consideración del papel que la mujer árabe desempeñaba en la sociedad del Islam. De lo que no cabe duda es que el interior del hogar y todo lo relacionado con la vida doméstica era patrimonio exclusivo de la mujer nórdica. De hecho era ella quien llevaba colgado de la cintura el manojo de llaves que abrían los cajones o cofres, donde guardaban sus más valiosas pertenencias, o cerraban la despensa, como signo inequívoco de control, autoridad y poder. Y esto implicaba una gran responsabilidad pues el buen funcionamiento de la casa era fundamental en esta sociedad en la que el hogar era el punto de unión de los miembros de la familia, el lugar que les servía de refugio y donde se reunían al calor del fuego una vez terminadas las duras faenas diarias.

Ella atendía el mantenimiento de la vivienda, el aprovisionamiento de alimentos y preparaba las comidas. Esto no se reducía sólo a cocinar en el horno sino que previamente debían moler el grano para elaborar la harina. Para ello utilizaban una piedra de amolar a mano a la que ajustaban una muela que giraba en movimiento rotatorio. Con mucha paciencia iban triturando los cereales hasta convertirlos en harina. Ésta era una actividad que las mujeres tenían que realizar casi a diario para obtener la cantidad de harina suficiente que su economía doméstica requería. Con la construcción de los molinos de agua, bien entrada la Edad Media, las mujeres nórdicas vieron facilitado en este aspecto su trabajo. Además tejían y confeccionaban las mantas con las que se protegían del frío, los manteles que adornaban sus mesas en las solemnes ocasiones, los tapices que decoraban sus paredes, las velas de los barcos vikingos, las túnicas y las prendas de vestir de toda la familia.

Criaba y educaba a sus hijos en el mantenimiento de las tradiciones familiares y religiosas. La descendencia solía ser muy numerosa pues cuantos más hijos engendrara una mujer y más numerosa fuera una familia, mayor era su consideración social a pesar de la elevada tasa de mortalidad infantil producida en esta época. Cuando un hijo nacía el padre lo examinaba con detenimiento buscando alguna tara o defecto físico. Si eso sucedía podía rechazarlo y abandonarlo a la intemperie para que muriese. Incluso se cree, que al menos durante alguna época, dependía simplemente de la voluntad del padre el decidir si el hijo vivía o no. Si el bebé estaba sano el padre le rociaba con agua, le tomaba entre sus manos y le elevaba hacia el cielo en señal de ofrenda y le hacía el signo del martillo de Thor, buscando que la protección del dios le acompañara durante toda la vida. A continuación le ponía un nombre que era cuidadosamente elegido, pues en esta sociedad pagana se creía que el nombre impuesto transmitiría sus características a la persona que lo llevara. Por eso no era infrecuente que el bebé llevara el nombre de algún familiar ya muerto para que su espíritu continuara en el recién nacido. En el momento en que el padre le daba un nombre el hijo entraba a formar parte de la familia o del clan. El apellido se formaba con el nombre del padre al que se añadía el sufijo *son* o *dottir* (hijo o hija de).

Los niños se consideraban adultos a la edad de doce o catorce años, según los lugares; a esa edad los hijos acompañaban al padre en las expediciones comerciales, empezaban a imitar las costumbres de los hombres de la familia, participaban en las fiestas y competiciones deportivas y aprendían el manejo de las armas, a luchar y a defenderse. Ya podía recibir un apodo que podía ser cualquiera que reflejase sus costumbres, hazañas, características físicas o espirituales, su lugar de nacimiento o cualquier otra circunstancia. Las sagas recogen los apodos con los que fueron conocidos algunos personajes importantes haciendo referencia a las cualidades más diversas: *el Calvo, el Despiadado, el Rojo, el Grande, el Afortunado, Hacha Sangrienta, Diente Azul, Lengua de Víbora, el Sabio*, etc.

Parece ser que no había una gran variedad de nombres y a menudo muchos miembros de una familia llevaban el mismo. Hay quien ve en este hecho la razón que explicaría la costumbre de utilizar apodos que no sería otra que la de diferenciar a cada individuo del clan. Nombres de animales o derivados del nombre del dios Thor fueron habituales entre los niños vikingos; algunos de los más comunes eran: Ari, Arinbjorn, Bjorn, Egil, Eric, Grim, Gunnar, Gunnjorn, Hakon, Harald, Oddi, Olaf, Sigurd, Snorri, Steinn, Sturla, Thorbrand, Thorfinn, Thorleik, Thorvald o Ulf.

Entre las mujeres fueron frecuentes: Arngerdur, Asleif, Bergdora, Finna, Freydis, Geirhildr, Gunnhildur, Hallgerd, Helga, Herdis, Ingibjorg, Ragna, Sigrir, Thordis o Vilborg.

La mujer pasaba mucho tiempo sola, a veces durante largos períodos de tiempo, cuando los hombres abandonaban el hogar para acudir como guerreros a expediciones de saqueo, para comerciar con los productos que ellos mismos fabricaban o para responder a la llamada del rey, que les obligaba a participar en las campañas militares que emprendía. En esos momentos recaía sobre ella la responsabilidad de sacar adelante los hijos pequeños que quedaban a su cuidado, de administrar la granja y, en general, de todo el trabajo.

En cuanto al papel desempeñado por las mujeres como guerreras a bordo de embarcaciones, para asaltar y saquear las costas de Europa occidental, apenas hay referencias por lo que se cree que por lo menos las primeras expediciones de saqueo fueron realizadas exclusivamente por hombres. Sin embargo, en las sagas, en las leyendas y en la *Gesta danorum* de Saxo Grammaticus aparecen algunas mujeres que destacaron por su valor en el campo de batalla y su destreza en el manejo de las armas. En estas historias generalmente la mujer se rebela contra una situación que considera injusta, como un matrimonio de conveniencia, o contra una afrenta, como ser raptada, o para defender las fronteras de su reino, y se convierte en una brava guerrera capaz de realizar las gestas más heroicas. En las leyendas mitológicas también hay referencias de las luchas de los dioses contra mujeres guerreras. Así, por ejemplo, el poderoso dios Thor se enfrentó a un grupo de doncellas guerreras que habían exterminado un pueblo entero. Recriminado por su acción, considerada de cobardía por luchar contra mujeres, el dios respondió, asombrado por su fiereza, que más que mujeres parecían lobas.

Lo que sí ha quedado demostrado es la participación de mujeres en los viajes de colonización y de expansión escandinava tanto hacia Occidente como a Oriente. Hay alguna referencia en los anales francos a la presencia de mujeres en los primeros campamentos de invierno vikingos en suelo francés y numerosas tumbas de mujeres se han encontrado en el reino de los *Rus*, en algunas de las cuales han aparecido utensilios que utilizaban los comerciantes, como pesas y balanzas, lo que lleva a pensar que también la mujer tuvo un papel relevante en el desarrollo de esta actividad.

La importancia del matrimonio en esta sociedad venía dada por significar la unión de dos familias o clanes que emparentaban por un vínculo sagrado y por representar la extensión de los lazos familiares lo que conllevaba aumentar la familia y por tanto su posición social. Se concertaba normalmente de acuerdo con la clase social a la que pertenecían los contrayentes buscando un mayor prestigio social y desde luego las mejores ventajas económicas posibles. El amor o la opinión de la mujer no contaba en absoluto. Simplemente obedecía las órdenes de su progenitor. Sin embargo, esta obligación tan autoritaria podía paliarse, si cabe, con una cierta facilidad para que por decisión unilateral la mujer pudiera separarse o divorciarse.

Una vez aceptado por la familia de la novia se fijaba la fecha del enlace, que normalmente se celebraba en otoño por ser la época del año en que la cosecha ya estaba recogida, la cerveza fabricada, el forraje almacenado, el ganado recogido y hecha la matanza con lo que las despensas ya estaban llenas de carne. A continuación, y siempre delante de testigos, se convenían las condiciones materiales que regulaban el contrato de acuerdo a las leyes establecidas al efecto. El padre de la novia aportaba como dote un conjunto de bienes por un valor similar a la aportación realizada por la familia del novio quien además debía aportar otra cantidad, regulada por ley, de acuerdo al valor total de sus bienes y patrimonio.

De los ritos y ofrendas que acompañaban el ceremonial apenas hay datos en las fuentes escritas. Se sabe que el cabeza de familia o el jefe del clan era el encargado de dirigir los actos. Se hacían ofrendas a los dioses Frey y Freya para que colmaran de fecundidad y bienestar a la pareja. También se celebraban sacrificios de animales en honor del dios o de los dioses que veneraran cada familia. Después pasaban a la sala donde se iba a celebrar el banquete. Al igual que ocurría en otras celebraciones eran muy cuidadosos con la colocación de los invitados en los bancos longitudinales que recorrían las dos paredes de la sala. El asiento más alto, el de más honor, correspondía al señor de la casa pero podía cederlo al novio y el mismo lugar de privilegio, pero en el banco de enfrente, ocupaba la novia. El resto de invitados de las dos familias iban ocupando sus asientos en función de su categoría social. A continuación el cabeza de familia abría el banquete dirigiendo los brindis preceptivos a sus dioses y a todos los antepasados de las dos familias. Entonces la fiesta comenzaba, comían y sobre todo bebían sin medida, charlaban, contaban historias, cantaban o jugaban hasta donde sus fuerzas se lo permitieran. A la mañana siguiente, después de la noche de bodas, el marido, siguiendo la costumbre, hacía a su esposa un valioso regalo por conservar su virginidad hasta el matrimonio. Normalmente consistía en una joya o en una camisa del mejor lino. Convertida ya en señora de la casa se colgaba el manojo de llaves de su cintura y se recogía el pelo sobre la nuca como signo de su nuevo estado social.

Después de la boda la mujer no perdía la condición de miembro de la familia del padre y le seguía debiendo respeto y obediencia, más a él que al marido. Seguía manteniendo su apellido y el de la familia a la que pertenecía y no tomaba el nombre del esposo. También seguía siendo propietaria de la parte de su dote aportada al matrimonio. Si el marido moría la mujer podía disponer libremente de sus bienes y elegir cómo y qué hacer con su vida futura. El divorcio, aunque estaba admitido, no debió de ser una práctica muy habitual. Entre otras razones porque la ruptura de la unión era considerada una ofensa para ambas familias y además suponía una gran desventaja económica para el marido, que debía entregar a la esposa la dote que ella aportó al matrimonio y además el montante que él vino obligado a otorgar por ley. No obstante, las leyes reconocían el derecho de las mujeres y de los hombres a no tener que soportar las afrentas y las ofensas del otro, por lo que si esas u otras circunstancias se producían podían separarse con bastante facilidad.

La mujer nórdica toleraba con naturalidad la poligamia y el concubinato, siempre que las concubinas no pretendieran ocupar su lugar en la casa o quitarle su autoridad. Aunque siempre había excepciones como cuenta una leyenda según la cual la princesa danesa Ragnhild puso como condición para casarse con el rey Harald de Noruega que éste se divorciase de sus nueve mujeres, a lo que el enamorado rey accedió. Estas costumbres se permitían en todos los estratos de la sociedad aunque fueron más habituales entre los hombres de mayor fortuna y posición, que podían permitirse mantener extensas familias, ya que entre otras razones una descendencia muy numerosa servía para afianzar socialmente la posición de la familia. Los autores árabes que contaban sus experiencias en el país de los Rus, como Ibn Fadlan, o escritores occidentales como el alemán Adam de Bremen coinciden en describir como prácticas comunes entre los hombres escandinavos la poligamia, el alto grado de independencia y libertad de las mujeres y las costumbres sexuales más relajadas que las que se permitían en las sociedades en las que ellos vivían. Quizá por eso hicieron afirmaciones un tanto exageradas confundiendo esa cierta independencia o libertad con la insaciabilidad sexual, el vicio, la infidelidad o la permisividad sexual general de las mujeres escandinavas. Así Adam de Bremen comentó: *Los daneses no conocen la moderación. Cada uno posee, según sea su patrimonio, dos o más mujeres a la vez, pero los más ricos poseen un número incalculable [...]. En cuanto a las mujeres cabe sospechar que durante las largas ausencias de sus esposos no dieran demasiadas muestras de una fidelidad y una moderación de la que ni sus propias diosas daban ejemplo.* O Ibn Fadlan: *los comerciantes más ricos no tenían mesura y a la vista de todos los que allí estaban yacían con sus esclavas.*

Los grandes jefes de la aristocracia y los reyes podían tener varias concubinas conviviendo en la casa, generalmente eran mujeres de menor posición social que ellos o bien eran esclavas. Estas mujeres no tenían que aportar dote y no tenían derecho a recibir ninguna clase de bienes como herencia como tampoco los hijos nacidos de estas relaciones a no ser que el padre decidiera que así fuera y legitimara a sus hijos naturales. A este respecto, abundan en las sagas relatos de cómo los hijos legitimados por los reyes reclamaban su derecho a la sucesión en el trono y los numerosos conflictos dinásticos producidos durante el período de afianzamiento de las soberanías nacionales. El patrimonio familiar se consideraba indivisible como medida para preservar la unidad de los bienes territoriales de la familia. No se conoce con detalle cuáles eran las normas que regían en la sucesión pero sí que el hijo que heredaba el patrimonio estaba obligado a dar una compensación económica al resto de sus hermanos, quienes o bien podían quedarse en la granja o bien abandonarla para buscar sus propias tierras en otro lugar. Pero lo verdaderamente importante para ellos era cumplir de forma exacta y precisa con los ritos de la ceremonia funeraria y hacer el traspaso de la herencia de común acuerdo entre todos los miembros de la familia para asegurar la paz familiar. Porque, si realizaban mal el rito funerario o surgían conflictos por el caudal hereditario, creían que el difunto volvería de su viaje al Más Allá para pedir cuentas a los descendientes que no fueron dignos de la herencia.

La mujer vikinga desarrollaba un importante papel en la estructura familiar de la época, era en definitiva el alma del hogar, la encargada de la educación de los hijos en el conocimiento de sus más antiguas tradiciones y costumbres, la encargada de todo el trabajo de la granja y el normal desarrollo de la vida cotidiana durante los largos períodos de tiempo que el marido permanecía fuera de la casa, algunos para no regresar nunca más. Pero además, la sociedad les reconocía unos derechos, como el de poseer tierras y patrimonio propio sin importar si estaba casada o soltera o la posibilidad de separarse o divorciarse del marido, lo que les permitía gozar de una independencia y una autoridad bastante considerable si los comparamos con los de las mujeres de la Europa cristiana occidental o del mundo islámico oriental.

Vida cotidiana en la casa nórdica

Gracias a las excavaciones arqueológicas podemos hacernos una idea de cómo era la vida doméstica de los hombres del norte, cómo eran las casas que habitaban, cómo eran los utensilios que formaban parte de su vida cotidiana. Y la fuente de este conocimiento no es otra que el ajuar funerario, que acompañaba al difunto, encontrado en las tumbas. Si bien es cierto que normalmente aparecen en las sepulturas de hombres que gozaron de una privilegiada posición social o acumularon mucha riqueza por lo que se podría pensar que el resto de la población, sobre todo la que habitaba en asentamientos rurales, no tenía acceso a muchos de esos bienes y desde luego a los objetos de lujo y joyas. Estas excavaciones también han permitido a los investigadores crear reconstrucciones de las viviendas estudiando los restos de las soleras de piedra y los huecos dejados por los postes de madera que soportaban el armazón de las casas y con ello trazar el plano y calcular sus posibles dimensiones.

Las principales aldeas excavadas en Dinamarca se sitúan en Jutlandia. Cada aldea tenía varias granjas, ocupada cada una de ellas por una sola familia. Dentro de un recinto cercado podía haber seis o siete edificaciones; la más grande de todas constituía la vivienda de la familia y en uno de sus extremos se encontraba el establo, algunos de los cuales tenían capacidad para guardar hasta cincuenta animales. El resto de edificaciones se utilizaban como granero, talleres o chozas donde vivían los sirvientes. Las aldeas excavadas en Suecia central demuestran que eran más pequeñas que los asentamientos daneses aunque la disposición de las viviendas y el resto de edificaciones presentan características muy similares. Sin embargo, en Noruega apenas se han encontrado restos de aldeas agrícolas porque las granjas estaban muy aisladas y distanciadas entre sí. Las granjas excavadas demuestran que contaban con seis o siete edificios, muy pequeños, también utilizados como viviendas, graneros, herrerías o establos.

La mayoría de las casas de las granjas estaban hechas de diferentes clases de madera según fuera la especie que abundara en cada país. Así en Noruega y Suecia, con grandes bosques de coníferas, construían con madera de pino y abeto mientras que en Dinamarca el roble era la madera principal.

También la piedra y el tepe formaban parte de la estructura de las viviendas. Naturalmente no todas eran iguales en cuanto a altura y longitud pero sí tenían características comunes: eran rectangulares. La madera de la que disponían condicionaba la anchura del edificio, casi todas medían unos 5 metros, que debía de ser la medida de las vigas de madera que sujetaban el techo. La longitud y la altura eran variables según las granjas, también dependiendo de la largura de la madera de la que disponían y de la condición social y capacidad económica del propietario. Se han descubierto edificios en las excavaciones que llegaron a medir entre 50 y 60 metros de largo, seguramente pertenecientes a las clases aristocráticas. Para formar los muros apilaban las vigas, unas sobre otras, en sentido horizontal ensamblándolas en las esquinas y dos filas de postes acoplados a los muros servían para soportar el tejado. Los espacios que quedaban entre estos postes y los muros los recubrían con trozos de tepe. Para evitar que el frío, la humedad y la lluvia pudriera los listones de madera que estuvieran en contacto con el suelo resolvieron sostenerlos sobre filas de piedras planas. Se cree incluso que estas soleras pudieron servir de apoyo a los suelos de madera de las casas para evitar su deterioro constituyendo a la vez un eficaz medio de aislamiento contra el frío y la humedad. Las puertas de la casa estaban fabricadas con gruesas tablas de madera para darles mayor solidez.

Como la largura de la madera les daba para construir una sola habitación idearon, utilizando el mismo procedimiento, construir dos más, una a cada extremo, cubriendo todo el conjunto con el tejado, hecho también con vigas de madera que podían recubrir de diferentes materiales, fundamentalmente de paja. De esta manera, las casas adquirieron la tradicional forma rectangular que caracterizó el paisaje nórdico de esta época. Era habitual que estas dos habitaciones, de dimensiones similares a la de la habitación central, las utilizaran de granero para guardar los cultivos y almacenar el heno con el que alimentaban al ganado durante el invierno, una vez cortado y seco, y de cuadra donde refugiaban a los animales que a la vez constituían una importante fuente de calor. Dependiendo del nivel económico también podían tener otras edificaciones en las que separaban los graneros, los almacenes, las cuadras o los talleres donde reparaban las herramientas o realizaban labores de carpintería.

Las casas de las ciudades, donde la actividad principal era el comercio, eran más pequeñas pues no necesitaban grandes espacios para almacenar los cultivos o para cobijar y guardar el ganado pero también entre estas había diferencias según la riqueza acumulada por sus moradores. Mantenían una estructura similar, tanto en la distribución de las habitaciones como en la técnica de construcción, a las edificaciones de los asentamientos rurales. Las habitaciones que prolongaban la sala principal eran más pequeñas y se utilizaban como lugar de trabajo o almacenamiento para los productos de los comerciantes.

La habitación central, la principal, constituía la vivienda familiar. Naturalmente el número de piezas, la calidad y el valor del mobiliario que contenían dependía de la posición social alcanzada por la familia. En el medio del suelo el hogar hacía las veces de horno para cocinar y les proporcionaba calor e iluminación, que también podían reforzar con lámparas de aceite. Largos y anchos bancos de tierra reforzados por la parte delantera con madera discurrían adosados a lo largo de las paredes sirviendo a la vez como asientos durante el día y como camas por la noche. Quizás algún taburete de madera y cofres para guardar la ropa constituían el resto del mobiliario habitual en una casa tradicional nórdica. Las familias más pudientes contaban además con mesas, sillas e incluso camas de madera.

En algún extremo de la habitación siempre había uno o dos telares, elemento imprescindible en cualquier hogar nórdico, donde las mujeres tejían las prendas de lana para vestir, abrigarse o decorar la casa. Estaban hechos de madera con pesas de piedra para tensar los hilos de lana y mantenerlos verticales. Antes de hilar cardaban la lana con una especie de peine de hierro. Se han encontrado un gran número de alfileres y agujas que utilizaban las mujeres para ajustar los hilos mientras tejían, todos ellos fabricados con hueso o con hierro, el mismo material con el que hacían las tijeras utilizadas en la costura.

La mujer cocinaba en calderos de hierro que ponía sobre el hogar en una placa de piedra o de metal o bien colgaba del techo con una cadena, también de hierro, sobre las llamas del fuego. Otras veces utilizaba cuencos o cazos de metal, sobre todo esteatita, o de cerámica que sujetaba sobre las brasas. La masa de cereales y legumbres con la que fabricaban el pan la cocían en placas de piedra que ponían sobre el fuego o en planchas redondas de hierro ajustadas a un mango alargado, también de metal, para facilitar su manejo y evitar quemarse. Piedras de amolar de forma circular, cuencos, cazos, cucharas, cubos o vasijas de madera completaban los utensilios cotidianos que utilizaba la mujer en la cocina. Comían dos veces al día, una por la mañana y otra por la tarde. Servían la comida en recipientes y platos de madera y se acompañaban de cucharas para tomar las sopas, también del mismo material. Para el resto de la comida utilizaban las manos y los cuchillos. La bebida la servían en cuernos y en vasos o copas que podían ser de madera o de cerámica. Todos los utensilios de madera eran fabricados por ellos mismos y los de hierro eran adquiridos en los mercados de las ciudades o a los artesanos y mercaderes ambulantes, que se desplazaban de granja en granja y de aldea en aldea, a cambio de lo único que podían ofrecer: sus productos agrícolas y ganaderos.

En las mejores casas de la ciudad no faltaban las copas de cristal muy decoradas, bonitas y vistosas telas de seda, tapices y manteles bordados, camisas de paño frisón y variados objetos de uso personal y de decoración muy valiosos. Estas mercancías llegaban de la Europa occidental y oriental a través de las rutas comerciales abiertas por los expedicionarios vikingos.

La carne y el pescado seguían siendo los alimentos más importantes en su dieta. Nunca faltaba el pescado, en especial arenques, bacalao, salmones y truchas, que abundaban en el mar y en sus caudalosos ríos y que pescaban con facilidad ayudados por anzuelos de hierro terminados en punta de flecha curvada y arpones dentados, también de hierro. La carne de aves, de animales salvajes y sobre todo la del ganado doméstico, cerdos, vacas, ovejas, patos y ocas, constituían un manjar apreciadísimo. La consumían asada, pero sobre todo guisada y estofada. Cuando los animales eran sacrificados conservaban una cantidad suficiente que les asegurara la supervivencia durante los largos meses invernarles, ahumándola o salándola igual que hacían con el pescado, y el resto lo llevaban a los mercados de las ciudades. También formaba parte de su dieta los huevos de aves y las verduras y legumbres que sembraban en sus campos y comían cocidas. De los animales domésticos, vacas, ovejas y cabras, consumían suero de leche, similar a la cuajada, y leche agria, un poco más clara que el yogur. Con el resto elaboraban quesos y mantequilla. Tampoco faltaba la fruta o las bayas y nueces que recolectaban en los bosques cercanos. Especialmente popular y apreciada era la cerveza que consumían con cualquier pretexto. La fabricaban ellos mismos en sus granjas y presentaba una gran variedad de sabores y texturas. El hidromiel, considerada en muchas culturas antiguas como la bebida de los dioses y de los héroes, también era muy apreciada en la sociedad nórdica, entre otras razones porque le atribuían propiedades curativas como producto digestivo y diurético. Se hacía mezclando miel fermentada con agua, flores y frutas, que según la variedad utilizada y la cantidad añadida, proporcionaba un aroma muy particular.

Naturalmente no todas las casas podían disfrutar de los mismos alimentos. En las casas más humildes sólo se consumía un plato, el simple puchero, que tomaban con pan que elaboraban amasando harina de cebada, avena, centeno y legumbres, sobre todo garbanzos. Debía de consumirse enseguida, casi caliente recién salido de la plancha, porque al no llevar levadura, *pan ácimo*, se endurecía rápidamente. Sin embargo, en las casas con más recursos la comida era copiosa: se servía más de un plato y no faltaban grandes fuentes con abundante carne asada con guarnición de verduras y legumbres, que acompañaban con pan de trigo y regaban con cerveza y vino importado.

La confección de la ropa era otra de las importantes tareas realizadas en el interior de las viviendas. Pero si las diferencias sociales se hacían ya patentes en la vivienda y en la alimentación más ostentosa se hacía en la vestimenta y adornos personales. Se han encontrado en las sepulturas multitud de broches, alfileres y aderezos personales que adornaban los vestidos nórdicos. De éstos apenas han quedado restos pero de los pocos encontrados los investigadores han podido establecer el tipo de ropa usada en esta época, eso sí, con carácter general entendiendo las diferencias que podían darse en las distintas regiones según su desarrollo y el mayor o menor contacto con otras culturas.

La vestimenta básica del hombre consistía en una camisa larga de lana hasta los muslos, que ceñían con un cinturón, y unos pantalones anchos y largos. Otras veces podían vestir pantalones que llegaban hasta la rodilla, tipo bombachos, con polainas. Encima usaban una chaqueta de manga larga o un abrigo, tres cuartos, sujeto con un cinturón. Para protegerse del frío vestían capas que sujetaban con una fíbula o un broche sobre el hombro derecho, de manera que les dejara libre la mano derecha. Se cubrían la cabeza con gorros de cuero o lana que sujetaban con cordones. Las piernas estaban cubiertas con gruesos calcetines de lana y llevaban zapatos de cuero realizados con piel de vaca o de cabra y con el empeine muy alto, como zapatillas. También podían llevar botines de media altura que se sujetaban con cordones atados por delante o por un lado. La calidad de las telas utilizadas en la confección, el diseño y hechura y los adornos que prendían de su ropa establecían la diferencia entre unas clases y otras. Las clases nobles y los ricos propietarios y comerciantes usaban camisas y pantalones de lino e hilo y la túnica que les cubrían los hombros era de lana de la mejor calidad. La sujetaban en un hombro con un broche en forma de aro. Las prendas de más abrigo, como las chaquetas, podían ir forradas con tiras de pieles en el cuello, los puños y el borde inferior. También estaban reservadas para ellos las caras capuchas de piel. Los siervos, campesinos pobres y esclavos, vestían con cómodas camisas y pantalones anchos y holgados que les permitían movilidad para realizar sus trabajos.

Las mujeres se ponían, una sobre otra, varias prendas largas hasta los tobillos, también tejidas con lana y lino de diferente calidad y hechura según su poder económico. Sobre un largo vestido de lino, que podía ser liso o plisado, vestían una larga túnica de lana, y sobre ella otra un poco más corta, como un mandil con tirantes que sujetaban con dos broches, generalmente de forma ovalada, alfileres o agujas. De los cinturones de cuero colgaban pequeños utensilios que usaban diariamente como tijeras, llaves o cuchillos. Las prendas de abrigo eran de lana de excelente calidad y se piensa que algunas de estas prendas se podían haber reforzado con plumas de oca o pato. También utilizaban gruesos calcetines de lana y sus zapatos de cuero eran de diseño similar a los utilizados por los hombres. Las mujeres de mayores recursos económicos se adornaban con joyas como anillos, brazaletes o collares de varias vueltas además de los ricos broches o fíbulas con las que sujetaban sus vestidos y sus capas.

El cuidado personal del cabello en la mujer y del pelo y la barba en los hombres debió de atenderse mucho según se deduce de la cantidad de útiles de aseo encontrados en las excavaciones de las sepulturas. En muchas tumbas de Escandinavia han aparecido peines y navajas de afeitar de una hoja, algunas de gran calidad y bonitos adornos, que el fallecido utilizaba diariamente. Con la navaja se recortaba el pelo y perfilaba la barba nunca la cortaba pues este hecho se consideraba una afrenta, un acto de denigración social. Los hombres llevaban el pelo largo aunque a veces se lo podían recoger en la nuca. Las mujeres también lo llevaban largo, a menudo recogido sobre la cabeza.

CAPÍTULO V

TRABAJO Y MEDIOS DE VIDA

Comercio y centros mercantiles

Aunque las relaciones comerciales entre Escandinavia y los países del sur ya fueron conocidas antes de la llegada de la era vikinga fue durante este período cuando más relevancia adquirieron las transacciones comerciales tanto interiores como exteriores. Fundaron numerosas e importantes ciudades a lo largo de sus rutas comerciales donde se concentraba el comercio y los comerciantes intercambiaban sus materias primas a cambio de los ricos productos que se fabricaban en los talleres artesanales de Europa y Oriente. La progresiva cristianización de los países nórdicos permitió a los comerciantes y mercaderes realizar operaciones mercantiles en los territorios cristianos de Occidente. Como medida para extender el cristianismo entre la gente del Norte, el emperador Carlomagno estableció que sólo los bautizados pudieran obtener el privilegio de comerciar en su Imperio. A tenor de las evidencias de las operaciones mercantiles realizadas con los comerciantes nórdicos, parece que esta orden fue aplicada de manera muy flexible por los mercaderes francos.

Cuando terminaba la temporada invernal de caza los hombres se reunían en el mercado o feria anual donde llevaban sus mercancías. Estas ferias de ciclo anual constituían una excepción a la vida cotidiana de los hombres nórdicos. En el lugar donde se realizaba el mercado estaba prohibido cualquier tipo de lucha y enfrentamiento y allí se podían reunir amigos y enemigos para intercambiarse los productos sin que nadie se atreviera a vulnerar la paz. Las pieles se convirtieron en un apreciado producto muy cotizado por los hombres y mujeres de las sociedades europeas continentales.

Pero también este paisaje de montañas, frondosos bosques y tierras pantanosas constituía un obstáculo para los desplazamientos de los cazadores que lo salvaban atravesándolos en invierno con esquíes, patines y trineos. Para fabricar los esquíes utilizaban largas maderas, normalmente de pino, que untaban de resina para facilitar el deslizamiento. También se han hallado diferentes tipos de trineo. Sobre unos esquíes se montaba una ligera caja de madera que servía para llevar las pieles cazadas. El cazador arrastraba la carga tirando de unas correas de cuero que sujetaba a la parte delantera del trineo.

Cuando los hielos desaparecían el medio de transporte generalizado era el viaje a pie. Para atravesar las zonas pantanosas construían pasos con troncos de árbol, muy juntos uno al lado del otro, o bien aislaban el terreno dándole espesor con numerosos arbustos y ramas. Para salvar los ríos utilizaban los vados pues parece que no empezaron a construir puentes hasta finales del siglo X. Pero sus principales vías de comunicación fueron marítimas y fluviales. Sin embargo, las naves vikingas no fueron construidas en un principio para el transporte de mercancías sino que fueron concebidas como embarcaciones que les permitieran agilidad y rapidez en sus desplazamientos. Eran pequeñas y con el sitio justo para los remeros. Al no admitir mercancías voluminosas el comercio se veía limitado a productos que se prestaran para este tipo de transporte como las telas, las pieles, las armas o los artículos de orfebrería que eran especialmente valiosos y solicitados. A medida que la demanda aumentaba los barcos vikingos fueron transformándose

Escudo de bronce procedente de Sorup. Dinamarca Bronce final (800-700 a.C.). Museo Nacional de Copenhague.

Escudo de bronce procedente de Taarup. Dinamarca Bronce final (900-700 a.C.). Museo Nacional de Copenhague.

adaptando sus naves a la navegación de alta mar para dominar las rutas comerciales de larga distancia por todo el norte de Europa. Se construyeron verdaderos mercantes más preocupados en llegar a buen puerto con su carga intacta que en entrar en combate. Además de pieles y plumón exportaban pescado salado, marfil de morsas, pieles de foca y ámbar. También esteatita para fabricar utensilios de uso cotidiano como calderos o pucheros, muy resistentes al fuego y por tanto utilizados para cocinar.

Las armas fueron un objeto muy deseado por los vikingos. Especialmente las espadas de los francos pues tenían fama de tener muy buenos filos y ser muy cortantes, también sus escudos y cotas de malla. Pero las autoridades francas no permitieron el comercio de estos objetos y el emperador Carlomagno llegó a prohibir su exportación bajo pena de muerte. La razón era tan sencilla como evitar que sus propias espadas fueran utilizadas contra ellos mismos en manos de ejércitos enemigos. Algunas espadas francas a las que se les quitó su empuñadura original y se les sustituyó por una nórdica, han aparecido en Escandinavia.

No faltaban las telas entre los artículos más cotizados de la época. En concreto el paño frisón, el más idóneo para confeccionar camisas, era el más deseado por su calidad y por la técnica de su cosido. Trozos de estos paños se han encontrado en sepulcros y se han conservado adheridos a las agujas de sujeción de los broches de bronce que las mujeres vikingas se prendían del pecho. De la importancia de este género y el deseo de propiedad que generaba en aquella sociedad nos dan fe algunos fragmentos de las fuentes escritas que relatan cómo los gobernantes acostumbraban a regalar a los altos funcionarios, a los reyes aliados o a sus más estrechos y leales colaboradores con mantos frisios.

También fueron muy solicitados los artículos que elaboraban los orfebres del continente, en especial los del Imperio franco. Ánforas, vasijas de barro decoradas y jarras de asa han aparecido en los yacimientos de las ciudades comerciales de Escandinavia. También refinados vasos con bordes realzados en color, decorados con relieves, con nervaduras de cristal de colores sobrepuestas y multitud de riquísimos objetos de adorno realizados en oro, como broches de ornamentación vegetal, pendientes o collares que salieron de los talleres francos a los países escandinavos.

Otra mercancía que alcanzó gran cotización en los centros comerciales fue la venta de esclavos como siervos, mano de obra para los trabajos más duros o como carne para el placer. Los vikingos llegaron a organizar expediciones que tenían como único y exclusivo fin la caza de esclavos, tanto de los países nórdicos como de las tribus eslavas donde apenas encontraban resistencia porque la mayoría mantenían una organización social primitiva; otras veces aprovechaban las acciones de conquista para tomarlos como botín de guerra y luego venderlos a los compradores escandinavos o a los occidentales en los mercados de Verdún, Lyon, Ratisbona o Magdeburgo de donde luego salían hacia su destino final en el Próximo Oriente: el califato de Bagdad. Se hizo habitual ver por los caminos grandes caravanas de hombres que se desplazaban hacia Occidente y esta escena aparece reflejada en las crónicas de los monjes y en las de los escritores musulmanes que daban cuenta de los cuidados que los hombres y mujeres recibían para que llegasen en buen estado y los mercaderes pudiesen obtener la mayor ganancia posible por ellos.

No tardó mucho la Iglesia cristiana occidental en oponerse al tráfico de esclavos, ordenando que ningún cristiano fuera vendido y prohibiendo el paso de los esclavos paganos por los territorios cristianos en su viajes hacia tierras orientales en busca de compradores musulmanes. Pero a pesar de la prohibición de la Iglesia y el apoyo que esta medida recibió del emperador Carlomagno y de sus descendientes no acabó el tráfico de esclavos. Los vikingos, que se convirtieron en los dueños absolutos de la ruta comercial rusa hacia el mar Negro, dirigieron el comercio de esclavos a través de los ríos Volga y Dniéper hacia Oriente. Con esta nueva ruta, se reducía el gran coste que suponía el traslado de las mercancías por Europa occidental y se salvaba el problema de la prohibición cristiana de atravesar sus territorios con esclavos paganos.

El aumento de las transacciones mercantiles produjo inevitablemente una evolución del sistema de organización comercial que permitiera la salida de sus materias primas a los mercados extranjeros. Hasta entonces el proceso era lento y no exento de todo tipo de dificultades. Primero se tenía que congregar toda la mercancía en su punto de origen y después transportarla desde el interior hasta las zonas de costa, donde debían esperar a reunir una cantidad suficiente para llenar un barco mercante.

Empezaron a surgir los primeros asentamientos con gran densidad demográfica, bien amurallados y fortificados, que se convirtieron en importantes centros de concentración y distribución de mercancías. Eran las primeras ciudades habitadas por comerciantes y artesanos dedicados en un principio al mercado interior intercambiando objetos de bronce, peines realizados con cuernos de ciervos y joyas por productos agrícolas. En estos centros la preocupación de sus habitantes no era la lucha por procurarse su subsistencia día a día, les bastaba cambiar los objetos que realizaban por los productos que necesitaban para vivir, fundamentalmente alimentos y vestidos. Después el comercio se abrió a los mercados extranjeros y pronto desembarcaron en sus puertos mercancías llegadas de Europa occidental y oriental. El uso de la moneda como medio de pago era infrecuente a pesar de que se han descubierto monedas acuñadas en los centros comerciales de Ribe y Hedeby durante los siglos VIII y IX.

Una de las características de estos emporios comerciales fue la de mantener una paz mercantil duradera que prometía a los mercaderes extranjeros que accedían a sus puertos la seguridad de sus vidas, de sus mercancías y donde no se les exigía la pertenencia a un culto religioso determinado. Surgieron así dos importantes gremios, los artesanos y los mercaderes, que vivían en estos lugares privilegiados donde sus transacciones mercantiles estaban garantizadas. Parece lógico pensar en la gran autoridad que los reyes tuvieron al impulsar y concentrar en un lugar protegido la actividad mercantil de la que sacaban buenos beneficios recaudando tributos a los mercaderes por atracar en sus puertos y por comerciar con sus artículos.

A finales del siglo VIII el rey de los suecos fundó la ciudad de Birka en la isla de Björkö en el lago Mälar, muy cerca de la costa del mar Báltico con la intención de expandir y controlar el comercio en la región. Pronto se convirtió en uno de los puertos más importantes del norte de Europa y hasta allí llegaban mercaderes de los lugares más remotos. La plata y la seda árabe y las perlas rusas eran intercambiadas por hierro y pieles. Los restos arqueológicos encontrados en la región del lago Mälar dan muestra de la intensa actividad comercial desarrollada durante esos años y de su expansión mercantil y política en Europa.

Muy cerca de Björkö, en la isla de Adelsö, se encontraba Hovgarden lugar elegido por el rey para levantar una residencia en la que vivía junto con su corte cuando visitaba la ciudad y desde donde dirigía los asuntos económicos de Birka y de todo el valle de Mälar. En su momento de mayor apogeo, durante los siglos IX y X, la ciudad contaba con cerca de 1.000 habitantes entre mercaderes, artesanos y campesinos nacionales y extranjeros. Cristianos y paganos convivieron durante doscientos años en la ciudad, que no llegó a convertirse en una comunidad cristiana a pesar de los esfuerzos evangelizadores de Ansgar. Este monje benedictino había llegado a la isla para cristianizar a sus habitantes. Su misión duró aproximadamente un año y medio y durante este tiempo algunos ciudadanos fueron bautizados. A finales del siglo X la ciudad fue perdiendo su importancia siendo abandonada por sus habitantes que se desplazaron posiblemente a la ciudad de Sitguna.

Otro gran centro mercantil se constituyó en la ciudad de Hedeby. Aún se conservan los restos de la muralla que rodeaba el asentamiento, que se supone llegó a tener una población de cerca de 1.500 habitantes. Los muelles construidos mar adentro permitían la descarga de la plata y seda oriental que portaban los buques mercantes que llegaban de los países del este después de atravesar el mar Báltico, mientras que por tierra llegaban normalmente las materias primas procedentes de Europa occidental, sobre todo vino, telas, joyas y objetos de adorno y decoración. Estas actividades la convirtieron en una próspera ciudad, centro de intercambio comercial de los mercados orientales y occidentales. Su floreciente posición y la acumulación de tanta riqueza en su interior atrajo la codicia de los piratas, que asaltaron su posición en numerosas ocasiones. Las fuentes escritas cuentan que en el año 1066 sufrió el ataque de un ejército eslavo que consiguió derribar sus defensas y destruyó la ciudad.

Hubo otros centros mercantiles que no alcanzaron tanta importancia y prosperidad como las grandes ciudades pero también en ellos tuvo lugar un creciente comercio. En Ribe, al oeste de Jutlandia, llegaron, hacia el siglo VIII, algunos artesanos que se instalaron en la pequeña aldea situada en la orilla norte del río Ribea durante la celebración de la feria o mercado. No constituían ningún tipo de organización rural ni urbana, pues su población no era permanente y los lugares de trabajo estaban al aire libre. Allí acudían para fabricar y vender sus productos al igual que los campesinos vendían sus productos agrícolas y ganaderos. No tardó en establecerse cerca de allí un asentamiento permanente de artesanos que fabricaban joyas de bronce, colgantes y collares de ámbar, peines de cuerno de ciervo y fundamentalmente abalorios de vidrio. A finales del siglo X este asentamiento se desplazó hacia la orilla sur del río muy cerca del lugar donde se encuentra en la actualidad su catedral medieval.

Con el proceso de transformación de los reinos escandinavos en estados nacionales que culminó en el siglo XI la organización política, religiosa y urbana sufrió cambios importantes al final del período vikingo. La concentración del poder en manos de los reyes impulsó la creación de verdaderos centros urbanos, de auténticos centros administrativos convertidos en la sede de la realeza. Junto a la residencia real se levantaron las casas de sus funcionarios y guardia personal, los centros de acuñación de moneda y las iglesias y catedrales. Ribe o Viborg, en Dinamarca; Trondheim y Bergen, en Noruega, o Sigtuna, en Suecia constituyeron grandes ciudades, bien planificadas y protegidas que impulsaron el desarrollo de la artesanía y las actividades industriales y comerciales.

A finales del siglo XII las comunidades de comerciantes alemanes que vivían en la isla báltica de Gotland decidieron unir y proteger sus intereses comerciales creando una corporación mercantil con los mercaderes de la ciudad de Colonia y otras veintinueve ciudades más. Al igual que lo había sido en la época vikinga, en la Edad Media nórdica Gotland era un influyente y próspero puerto comercial en la ruta marítima del mar Báltico y la nueva asociación no tuvo problemas en firmar beneficiosos acuerdos comerciales con Inglaterra, Flandes y Rusia, incluso consiguieron establecer asociaciones mercantiles en Londres. Pero a mediados del siglo XIII la ciudad fortificada de Lübeck, en el norte de Alemania a orillas del Báltico, acordó un tratado con Hamburgo por el que se repartían el control de la ruta comercial entre el Báltico y el mar Negro, dirigiendo sus aspiraciones mercantiles hacia el noroeste de Europa. Poco a poco la importancia de la asociación Lübeck-Hamburgo fue creciendo en detrimento de la, hasta ahora, supremacía de Gotland. Un ventajoso acuerdo comercial de Lübeck con Brujas, un próspero centro comercial de la industria de tejidos, hizo que Flandes dejara de pertenecer a la zona de influencia de Gotland. Lo mismo ocurrió en el mercado de Londres donde la asociación consiguió el monopolio comercial.

Otras ciudades del norte de Alemania se fueron uniendo a la asociación de Lübeck y Hamburgo, como Wismar o

Bremen y la polaca Gdańsk, atraídas por la vertiginosa prosperidad que alcanzaban los mercaderes pertenecientes a esta unión. En el año 1343 esta asociación mercantil se denominó Hansa y años después Lübeck, convertida ya en el punto neurálgico del comercio del mar de Báltico entre Escandinavia, Rusia y Europa oriental, fue designada capital de la Liga Hanseática. Al mismo tiempo se desarrollaron otras asociaciones mercantiles, como la de la marca de Brandeburgo y el ducado de Sajonia, la de los centros del Rin, Westfalia y los Países Bajos o la de la agrupación de ciudades lituanas y estonias. Pero todas ellas acabaron aceptando la supremacía de Lübeck y sus afiliados.

La Hansa estaba administrada por una Dieta, llamada *Hansetag*, formada por los delegados de todas las ciudades miembros. No existía un gobierno centralizado y todas las decisiones sobre la organización del comercio y los mercados se debatían y aprobaban en la Dieta siguiendo el mandato de la mayoría de sus miembros. De esta manera consiguieron hacerse con el control de las operaciones mercantiles de Europa del norte en la Edad Media. El comercio escandinavo se vio relegado y no pudo competir con esta gran potencia que introdujo nuevos elementos en el mundo mercantil como la organización de gremios, nuevos mercados y productos y sobre todo su poderío naval con grandes y pesados barcos mercantes capaces de trasladar importantes cargamentos a grandes distancias. Esta supremacía económica representó también un gran poder político para la Liga. En el año 1362 Dinamarca se hizo con el control de la ciudad de Visby, en la isla de Gotland, y como represalia la Liga declaró la guerra a Dinamarca. La superioridad naval de los hanseáticos les llevó a la victoria y Dinamarca se vio obligada a realizar cesiones de territorios y a pagar importantes indemnizaciones. Este éxito aumentó su popularidad y en el período de mayor esplendor no se realizaban transacciones mercantiles en el mar del Norte y el mar Báltico que no pasaran bajo su control. El progreso económico fue simultáneo con el aumento de las relaciones comerciales:

prepararon las infraestructuras necesarias para facilitar su expansión, construyendo nuevas carreteras, puertos y canales; las técnicas industriales, artesanales y agrícolas aumentaron su eficacia; se crearon nuevos centros mercantiles en los territorios más estratégicos y alcanzaron un gran nivel en la industria naviera obteniendo una superioridad naval tal que no había flota que les hiciera competencia. Pero en los primeros años del siglo XVI la Hansa fue perdiendo paulatinamente su poder hasta desaparecer como asociación en el siglo siguiente. Algunas causas que activaron su disgregación fueron la consolidación de las monarquías europeas que desarrollaron fuertes sistemas de relaciones comerciales internacionales, la aparición de las potentes armadas española, holandesa e inglesa y el descubrimiento de nuevas rutas comerciales.

Actividades y oficios

Aunque el comercio había alcanzado gran desarrollo, sobre todo al final de la época vikinga con la concentración del comercio y de los comerciantes en las nuevas ciudades fundadas, la economía de esta época seguía siendo fundamentalmente agrícola y ganadera. El principal sustento de la familia era lo que producía la granja, los cereales que recogían y la carne y los productos derivados del ganado que poseían. Naturalmente, las condiciones de la tierra para el desarrollo de la agricultura no eran las mismas en todas las regiones nórdicas. Aunque unos suelos fueran más favorables y otros verdaderamente difíciles el trabajo de los campesinos era muy duro. Primero preparaban la tierra para sembrarla, haciendo surcos con arados de madera, muy simples, sin vertedera para voltear y extender la tierra levantada, que removían la tierra superficialmente. Esta herramienta fue evolucionando y a principios del siglo XI utilizaban ya un arado más pesado, con rejas de hierro. También utilizaban otras herramientas para trabajar la tierra como rastrillos, horcas, guadañas y azadas de madera reforzadas con hierro. Después sembraban centeno, avena, cebada y el trigo, que era más escaso, se cultivaba sobre todo en Dinamarca, que era el país con mayor extensión de tierras aptas para la agricultura. Con la cebada preparaban la cerveza y el hidromiel, y el centeno constituía la base de su alimentación. Además, cultivaban tubérculos, guisantes, legumbres, como alubias y garbanzos, y hortalizas como la cebolla, de la que apreciaban también sus poderes curativos. Para cosechar se servían de las hoces y guadañas de hierro. Una vez recogidos los cereales se trillaban y cribaban. Con mayales (dos palos, uno más largo que otro, unidos por una cuerda) golpeaban los cereales para desgranarlos y con una criba de madera los limpiaban de la tierra, del polvo y de cualquier impureza. Ayudándose de palas de madera recogían el grano y lo guardaban en cestas que transportaban, a mano o en carro según los recursos de cada familia, hasta la granja y los almacenaban en los graneros.

Recogían vegetación o follaje, que cortaban con unos cuchillos de hoja ancha y curva, para preparar el forraje, que junto con el heno cultivado, constituían la alimentación de los animales domésticos durante los fríos meses invernales. El ganado también constituía un elemento importante en la vida cotidiana de los hombres nórdicos. Los rebaños de ovejas, cabras, cerdos y vacas pastaban durante el día y eran recogidos en los establos por la noche y su leche y carne eran tan importante en su dieta como el consumo de los cereales. En muchas regiones nórdicas también era frecuente el trasladar los rebaños hacia los prados de las montañas para que se alimentaran de los pastos durante el verano y cuando llegaba el otoño se bajaban de nuevo a las granjas.

La población que vivía en asentamientos cercanos a las costas se alimentaba de la pesca, que no faltaba en las playas y en los ríos próximos, y en algunos casos llegaba a constituir su medio principal de vida por encima incluso de la agricultura y la ganadería, sobre todo, en las zonas más septentrionales donde la producción de cereales era menor. Utilizaban todo tipo de artilugios de pesca, desde anzuelos y arpones hasta sedales y redes. Una vez pescados los disponían en cestas y los llevaban a la granja. Allí los ahumaban y salaban para garantizar su conservación y de esta manera podían contar con provisiones para el invierno. Incluso comerciaban con ellos pues el pescado salado era muy apreciado tanto en el mercado interior como en el exterior. También cazaban morsas y focas de las que utilizaban la piel y la carne. Los colmillos de las morsas, que en esa época eran muy deseados en Europa, constituían una importante mercancía para el comercio.

El campesino organizaba su vida en función de las labores del campo. Una vida cotidiana amenazada constantemente por las inclemencias climáticas que podían hacer disminuir la cantidad de grano cosechado, la recolección de forraje para los animales o las cosechas enteras. En estos casos también descendía la cría de ganado al no tener almacenado heno suficiente con el que alimentarlos y en consecuencia disminuía del mismo modo la producción de derivados lácteos. Las épocas de hambruna, las tormentas, las inundaciones y los incendios, que por las características de sus construcciones podían hacerles perder todas sus posesiones, formaban parte de la vida cotidiana del campesino que se enfrentaba a ellas en su lucha diaria por la supervivencia.

Los granjeros eran además carpinteros, herreros, constructores y artesanos pues todo lo que tenían en la granja estaba hecho por ellos mismos. Curtían el cuero para fabricarse los zapatos y cinturones, tejían la lana y el lino para confeccionarse la ropa. También construían sus embarcaciones, pero las excavaciones realizadas hasta ahora no han encontrado indicios de que esta actividad se realizara en astilleros. Cuando el comercio se fue concentrando en las ciudades los artesanos llegaron con sus productos y se establecieron allí para ejercer su oficio de modo permanente. Acudieron atraídos por la intensa actividad comercial que se desarrollaba en esos centros mercantiles esperando que sus productos alcanzaran mayor distribución no sólo en el mercado interior sino también hacia otras regiones y países. Poco a poco se fueron especializando hasta alcanzar un alto nivel profesional fabricando con habilidad y destreza piezas de gran valor artístico y de gran riqueza ornamental. La madera era la materia prima por excelencia y algunos talleres adquirieron gran relevancia trabajando este material. Es el caso del barco, trineo y carro ceremonial hallados en la tumba de Oseberg que aparecen profusamente tallados junto a otros objetos más simples que presentan una superficie lisa o con algún pequeño adorno.

En esta época de expansión y de contacto con las culturas de otros pueblos las influencias artísticas extranjeras se hicieron inevitables aunque no se llegaron a implantar hasta que estos países se convirtieron al cristianismo y el arte del final de la etapa vikinga fue sustituido por el arte románico imperante en Europa occidental. Aunque los animales estilizados eran el motivo más importante y común en el gusto decorativo escandinavo los investigadores han dividido el arte vikingo en seis estilos artísticos diferentes cuyo nombre viene dado por el lugar donde se encontraron los objetos decorados que presentaban motivos similares que identificaron ese estilo específico: Oseberg, Borre, Jelling, Mammen, Ringerike y Urnes. El primero toma su nombre de la rica variedad de talla de madera que presenta la nave real encontrada en esa localidad noruega e incluye entre sus motivos las bestias garrudas, pequeñas garras que atrapan a otros animales. La cadena de anillas, que consiste en una decoración con motivos geométricos entrelazados encontrados en unos arneses en Borre, Noruega, da nombre al segundo estilo. En Jelling, Dinamarca, se encontró una copa de plata del siglo X decorada con animales en forma de cinta curvada y ondulada entrelazados y superpuestos entre sí. De mediados del siglo X es el estilo de Mammen, Dinamarca, cuyo nombre viene dado por los adornos damasquinados de las incrustaciones en plata de un hacha y la collera de un caballo en forma de cabeza de león encontradas en una tumba de esa localidad. En el quinto estilo destacó el tallado de la piedra con decoración de animales y zarcillos de plantas y hojas entrelazadas en la que estos motivos de vegetación dominaron sobre los animales. Toma su nombre de la región noruega de Ringerike en la que se encontraron numerosas piedras talladas. En el siglo XI surgió el estilo de Urnes y se llamó así por las elegantes tallas de madera de la iglesia de duelas de esa localidad noruega. El motivo principal vuelven a ser los animales estilizados, serpenteantes y entrelazados, destacando la figura de un cuadrúpedo luchando contra una serpiente. Este estilo se mantuvo hasta el siglo XII cuando la influencia del estilo románico penetró en Escandinavia.

Algunos artesanos se especializaron en la fabricación de peines. Debía de ser una mercancía muy demandada por la sociedad de la época pues se han encontrado, muchos de ellos intactos, en numerosas tumbas y asentamientos excavados por toda Europa del norte e incluso en otros lugares que en esta época permanecían en el área de influencia vikinga, como en el asentamiento oriental de Novgorod. De este hecho se puede deducir que algunos fabricantes de peines eran artesanos ambulantes que se desplazaban a los lugares donde la demanda de su mercancía les asegurara buenas ventas. La abundancia de peines encontrados y la diferencia de elaboración de unos y otros hace pensar que todas las clases sociales dispusieron de estos objetos de cuidado personal. La mayoría estaban realizados con cuernos de ciervo aunque en las regiones más septentrionales utilizaban los de alce. Su fabricación requería cierta especialización para tallar las diferentes piezas que los componían. Primero tomaban dos piezas rectas y de cierta largura a las que daban una ligera forma curvada, después las unían con remaches de hierro a otras placas más finas que iban limando con paciencia hasta formar las púas. Según la calidad del peine el canto podía decorarse con dibujos geométricos o motivos de bronce.

El mineral de hierro, aunque no de muy buena calidad, era otra de las materias primas importantes en la sociedad escandinava del período vikingo que los herreros utilizaban para fabricar los más diversos objetos, sobre todo herramientas y armas. Estos artesanos se convirtieron en grandes especialistas en moldear y trabajar el hierro y establecieron sus centros de trabajo tanto en las ciudades como en los asentamientos rurales. Por la importancia que los productos que fabricaban tenían para la población llegaron a ser los más respetados y considerados entre toda la comunidad artesanal: las herramientas eran necesarias e imprescindibles para realizar cualquier tipo de trabajo y las armas fundamentales para conseguir la victoria en las campañas militares. Trabajar el hierro no era una labor sencilla y menos aún conseguir que las hojas de las espadas y las lanzas fueran sólidas y eficaces pero a la vez flexibles y de fácil manejo. Junto a estas herramientas de uso cotidiano se han encontrado espadas, lanzas o hachas ricamente decoradas con una gran variedad de motivos realizados en bronce y plata, sin duda encargos de los personajes más importantes y poderosos de la sociedad.

El trabajo del bronce para adornos y objetos de uso cotidiano y la orfebrería en general fueron otros de los oficios desarrollados por los artesanos. Sus artículos fueron también muy cotizados pues los hombres y mujeres en general gustaban de llevar adornos y joyas. Naturalmente la materia prima con la que eran fabricados estos adornos era un signo distintivo de la clase social a la que se pertenecía. Los artículos realizados en oro y plata sólo estaban al alcance de las clases más altas de la sociedad. Algunas joyas de plata llegaban elaboradas desde los talleres de Europa oriental y occidental pero en la mayoría de los casos el metal era traído por los comerciantes árabes de las minas que tenían en Asia central, generalmente en forma de monedas que luego fundían los orfebres para realizar sus trabajos: anillos, fíbulas, aros, brazaletes, broches, collares, cadenas o pulseras realizados con hilo de plata unas veces lisos y otros trenzados y muy elaborados. El oro era un metal más escaso que debía importarse de los países europeos. Por eso las joyas de oro eran más cotizadas y su uso estaba reservado exclusivamente para las familias con grandes recursos económicos como los miembros de las dinastías reales, la clase aristocrática o los ricos propietarios.

Los adornos personales realizados con bronce fundido eran más asequibles para el resto de la sociedad. Para trabajar el bronce el artesano cavaba un pequeño hoyo en la tierra donde ponía la forja. En un recipiente, que normalmente estaba hecho de arcilla y arena para que resistiera mejor el calor, se introducían las barras o trozos de bronce que se querían fundir y se depositaban sobre el fuego. Cuando el metal se había fundido el artesano, con la ayuda de unas pinzas, retiraba el recipiente y vertía el líquido en los moldes que tenía preparados. Cuando se solidificaba se rompía el molde para sacar el producto. Por último éste se limaba y retocaba a mano hasta alcanzar la forma deseada.

La gran cantidad de broches ovalados, la mayoría con dibujos muy similares, encontrados en las tumbas hace pensar que fueron uno de los adornos más comunes entre las mujeres de esta sociedad. Muchos investigadores opinan que esta similitud obedece a una fabricación en serie. De todas formas por los restos de moldes encontrados en diferentes asentamientos comerciales, como en Hedeby o Ribe, se ha podido establecer el proceso que seguían los artesanos para fabricar los moldes. Aunque normalmente utilizaban como modelos broches ya elaborados también podían hacer los moldes a partir de modelos recién creados con nuevos motivos y dibujos. El primer paso consistía en hacer un patrón estampando los modelos sobre la arcilla. La pieza de arcilla se rellenaba con una tela impregnada en cera para conseguir el grosor deseado en el broche. A continuación se cubría la tela con más arcilla, dejándola secar. Una vez seca la arcilla se retiraba la tela calentándola si era necesario para facilitar su extracción. Seguidamente se vertía el metal líquido en el molde conformado. Ya sólo quedaba esperar su enfriamiento para proceder a romper el molde y extraer el broche que ya estaba listo para ser utilizado a falta de pequeños retoques para limar imperfecciones.

Al igual que los artesanos que tallaban el bronce, los fabricantes de abalorios también trabajaban al aire libre resguardando el hogar en un pequeño hoyo cavado en el suelo para fundir, sobre las brasas de carbón vegetal, el cristal con el que fabricaban los abalorios. Aunque la principal materia prima con la que trabajaban estos artesanos era el vidrio, sobre todo el que conseguían de los vasos importados de Renania o de los cubos de vidrio italianos, también se han encontrado algunos abalorios tallados en ámbar, tan abundante en las costas del mar Báltico. El proceso de fabricación no era muy laborioso pero sí que requería cierta destreza y especialización. Una vez que fundían el vidrio con el calor del fuego ponían un pequeño trozo ya derretido sobre una pequeña barra de hierro que iban girando repetidamente hasta que se templaba lo suficiente como para poder moldearlo y darle la forma deseada, normalmente cilíndrica o redonda. Para decorarlos con diferentes colores añadían en este proceso hilos de vidrio coloreados consiguiendo bonitas filigranas. Después los separaban de la barra de hierro y quedaban listos para engarzar.

Aunque no se ha descubierto ningún astillero de esta época vikinga sí se han encontrado restos de esta actividad en algunos asentamientos. Tablones de madera de viejos barcos, clavos de remache y otras herramientas de carpintería se han encontrado en puertos donde se cree que los barcos atracaban para ser reparados. Los barcos no sólo constituyeron un medio de transporte fundamental en el éxito de la expansión escandinava de esta época, también tuvieron una gran importancia en sus ceremonias religiosas y funerarias y en el culto a los muertos. Por eso los constructores de barcos debieron ser artesanos muy valorados ya que al igual que sus antepasados, los escandinavos del período vikingo fueron excelentes marineros y desarrollaron con destreza el arte de la construcción naval y de la navegación. Naturalmente, su mayor preocupación debió de ser la de conseguir la madera suficiente para realizar sus encargos. La más apreciada era el roble y con ella construían los principales elementos del barco como la quilla o la roda. Con madera de pino, más abundante y por tanto más fácil de conseguir, hacían los mástiles y timones. En las *sagas* hay constantes referencias a los barcos utilizados por sus héroes haciendo siempre referencia a ellos en términos de admiración por ser elementos imprescindibles para conseguir la victoria. Una de las naves más grandes y hermosas de las que habla Snorri en la *saga de los reyes de Noruega* pertenecía al rey Olaf Tryggvesson. Era llamada *La Gran Serpiente* y era una embarcación de 50 metros de largo que tenía espacio para colocar 34 bancos para los remeros.

La técnica de construcción utilizada era muy similar ya se tratara de navíos de guerra, largos y estrechos, *langskips*, o los más robustos y anchos barcos comerciales para transporte de personas y mercancías, *knorrs*, o los ligeros y simples botes empleados para pescar o para realizar cortos desplazamientos interiores a través de las vías fluviales. Escandinavia ya conocía la vela y la quilla con doble estrave desde finales del siglo VIII y estos aparejos resultaron de gran importancia en el desarrollo de las largas travesías por alta mar y en la altísima velocidad que llegaron a alcanzar las naves vikingas.

La quilla era una pieza de madera larga, plana y profunda que les permitía sacar los barcos del agua y transportarlos por tierra utilizando unos rodillos. Sobre ésta construían el casco, en forma simétrica, superponiendo tablones que iban ensamblados con clavos de hierro y calafateaban normalmente con crines de caballo. Curvaban la madera para construir las cuadernas que sujetaban al casco para que la embarcación fuera más ágil y pudiera maniobrar mejor. También los tajamares eran curvos y tenían la misma altura tanto en proa como en popa. Para reforzar la embarcación colocaban vigas transversales a la altura de la línea de flotación. Y en las embarcaciones más lujosas, las pertenecientes a los jefes guerreros o los reyes, o las que tenían un significado especial adornaban la curva de la proa y la popa con bonitas y elegantes espirales o con feroces cabezas de dragones. Sobre la quilla ponían un soporte o sobrequilla para reforzar la base del mástil que sujetaban con cabos hechos de tiras de cuero de foca o largos tallos de cáñamo. Del palo colgaban una gran vela de forma cuadrada que a menudo estaba decorada y teñida con rayas de varios colores y que podían retirar cuando la ocasión lo requiriera. Además de las velas utilizaban remos para impulsar los barcos. La mayoría de los barcos tenían dos pares de remos a popa y a proa mientras que los de guerra contaban con agujeros dispuestos a lo largo del casco para sujetar los remos, con una separación entre cada banco de remo de un metro.

Las fuentes de información para el conocimiento de los barcos y las técnicas empleadas en su construcción provienen fundamentalmente de los restos encontrados en los asentamientos aunque también los textos medievales recogen numerosas ilustraciones de los navíos vikingos. El famoso y lujosamente decorado barco de Oseberg era una nave real construida para realizar cortas travesías por aguas tranquilas; el barco de Gokstad, hallado en muy buenas condiciones de conservación, medía 23 metros de largo y contaba con 16 pares de remos, aunque más robusto, tampoco era apto para recorrer grandes distancias en alta mar. Especialmente importante para el conocimiento de las diferentes clases de barcos y técnicas de construcción empleadas es el hallazgo de cinco barcos hundidos en el puerto de Skuldelev, en el fiordo de Roskilde, Dinamarca. Se han datado del siglo XI y se piensa que fueron hundidos deliberadamente para formar un bloqueo y defender la ciudad del ataque de una flota enemiga. Dos de los barcos eran mercantes para transportar carga. Eran más robustos y anchos que los barcos de guerra y tenían capacidad suficiente para transportar mercancías y animales domésticos pudiendo soportar sus bodegas una carga de 40 toneladas. Se piensa que en este tipo de barcos se desplazaron los escandinavos en sus viajes de colonización a Islandia y Groenlandia. Estaban hechos con madera de pino y roble y el más grande medía 16,5 metros de largo y el otro 13,3 metros y ambos disponían de cuatro pares de remos. Este hecho demuestra que en las travesías de larga distancia la navegación a vela era el único medio de propulsión del barco y los remos serían de utilidad en las maniobras de atraque.

Por el contrario, los barcos de guerra encontrados bajo el puerto de Skuldelev eran largos, el más grande de todos alcanzaba una longitud de 30 metros, estrechos, de calado ligero y con asientos para 18 parejas de remeros. Eran barcos ágiles que permitían una gran maniobrabilidad para atracar o varar en las calas o en las desembocaduras de los ríos o arroyos y también rápidos, pudiendo alcanzar gran velocidad por el impulso de los fuertes remeros. Y estas condiciones eran imprescindibles para asegurar el éxito en sus ataques por sorpresa a lo largo de las costas de Europa occidental. Sin embargo, aunque eran muy veloces, su poco peso les dejaba a merced de la fuerza de las olas a pesar de la pericia y la maestría que debieron tener los pilotos vikingos. Ésa era una de las razones de no entablar combates en alta mar y de buscar el abrigo de la bahía para dirimir sus contiendas. Las naves más pequeñas eran las de 13 bancos en los que se sentaban 26 remeros, 13 por cada lado.

Desde los tiempos más remotos el hombre ha utilizado el mar como un medio por el que desplazarse y explorar, comerciar o saquear. Los primeros viajes se hacían siguiendo la línea de la costa, siempre con la tierra en su imagen, o a las islas más cercanas. La tierra era su instrumento de orientación, un pico elevado, un túmulo o un acantilado determinado les bastaba para controlar su posición. Cuando se aventuraron en viajes mar adentro se orientaban con relación al movimiento y la posición y la altura del sol durante el día y las estrellas por la noche. La práctica y la experiencia personal de muchos años de navegación, la época del año en la que viajaran o las señales del cielo anunciando cambios de viento o temporales les ayudaba a calcular la velocidad y el rumbo a seguir. Con estos elementales conocimientos de navegación astrológica no era extraño la desorientación del piloto cuando una violenta tormenta le apartaba de su rumbo habitual. Fue precisamente la desorientación del piloto en aguas del Atlántico norte lo que produjo el descubrimiento de nuevas tierras como Islandia y Groenlandia. En sus expediciones hacia Inglaterra, el norte del Imperio carolingio, la península Ibérica e Italia debieron navegar siguiendo el litoral de las costas, no demasiado alejados de tierra de manera que siempre encontraban algún punto de referencia que les indicara el rumbo a seguir. En definitiva fueron estos métodos empíricos los que constituyeron sus instrumentos básicos de navegación hasta que se introdujo el uso de la brújula magnética en el siglo XII.

CAPÍTULO VI

Cultura de los pueblos del norte

Escritura rúnica

Las letras que formaban el alfabeto utilizado por los pueblos germánicos, como los anglosajones, godos, frisones y escandinavos se conocen con el nombre de *runas*. Esta escritura alfabética no surgió como una escritura específicamente nórdica pues sus signos han aparecido también en inscripciones de lugares tan distantes como Inglaterra, Alemania, o Europa central. Según algunos autores su origen hay que buscarlo en el alfabeto etrusco usado por algunas tribus que habitaban en la región de los Alpes orientales y estas formas se fueron desarrollado por los pueblos germanos asentados en el valle del Rin. Suecia es el país que cuenta con mayor número de inscripciones rúnicas descubiertas seguida de Dinamarca, sin embargo, y sin que se conozcan las razones, en Noruega son muy poco frecuentes. También se han encontrado piedras talladas con runas en los países que los vikingos colonizaron como en el norte de Alemania, en Irlanda, la isla de Man, en los archipiélagos de las Orcadas, Hébridas y Shetland y en Inglaterra y Escocia.

Las primeras inscripciones rúnicas se han datado de los primeros siglos de nuestra era y a lo largo de los siglos sucesivos se utilizaron varios alfabetos diferentes por todo el norte de Europa. El primitivo alfabeto rúnico, llamado *futhark* por las seis primeras letras que lo componen (F, U, TH, A, R, K) estaba compuesto por veinticuatro caracteres. Las inscripciones más antiguas que se conocen son del siglo III y coinciden con el período de los movimientos de las tribus germanas. Por esta razón los hombres escribían sobre objetos, generalmente madera, que podían desplazar con facilidad en sus migraciones. Hacia el año 800, en el período vikingo, el alfabeto se redujo a dieciséis caracteres y posteriormente se aumentaron hasta veintiséis. Los países anglosajones llegaron a tener un alfabeto de treinta y tres caracteres.

Sin embargo, los primeros alfabetos no resultaron muy eficaces porque no había suficientes signos para representar todos los sonidos, además una misma palabra podía representarse de varias maneras con runas diferentes. Al final del período vikingo se introdujeron nuevos caracteres para subsanar estas deficiencias. De todos modos las runas escandinavas de la Edad Media presentaron caracteres diferentes respecto a otros alfabetos, más simplificados, influenciados por el lenguaje y la escritura romana que introdujeron los monjes cristianos y que acabarían sustituyendo lentamente el alfabeto rúnico. Estas imágenes o símbolos, como cualquier ideograma, representan una idea o un concepto por eso los textos rúnicos son difíciles de interpretar y quizá su significado varíe dependiendo del punto de vista del que los interpreta.

Constituían un medio de comunicación escrita que realizaban mediante inscripciones en piedras, bastaba un simple cuchillo u objeto punzante, aunque también se han encontrado grabaciones sobre otras bases como en madera, hueso y metales. Estos caracteres eran muy sencillos de aprender y fáciles de grabar pues estaban formados por simples líneas rectas en un trazo vertical con otros, más cortos, inclinados y no distinguían las mayúsculas. En ellas conmemoraban hazañas y episodios importantes en sus vidas, honraban a sus familiares y amigos otras veces detallaban las circunstancias de la muerte de una persona, las propiedades que poseían, los límites de éstas, sus parientes y el grado de parentesco, etc. En definitiva las piedras nos hablan de cómo era la organización social, las costumbres y las creencias religiosas de los diferentes pueblos que utilizaron este medio como forma de escritura a lo largo de su historia.

Normalmente las inscripciones eran cortas y escuetas, incluso en algunas sólo se menciona un nombre. En Lincoln, Inglaterra se encontró la caja de un peine que llevaba grabado: *Thorfastr hizo un buen peine.* La piedra rúnica sueca de Dalum, en Västergötland, dice: *Toki y sus hermanos erigieron esta piedra en memoria de sus hermanos. Uno murió en Occidente y el otro halló la muerte en Oriente.* Pero otras veces relatan pasajes enteros que podían ocupar una cara entera de la piedra. La inscripción más larga encontrada hasta ahora se encuentra en la piedra de Rök, en la región sueca de Östergötland. Había sido escrita por Varin en memoria de su hijo muerto, Vaemod y hace una descripción de la familia, de la vida y las circunstancias de la muerte de su hijo y le honraba con leyendas y canciones tradicionales. En Jelling, también en Dinamarca, se encuentra uno de los documentos más importantes de la historia danesa tallada en piedra por voluntad real: *El rey Harald mandó construir este monumento en memoria de Gorm, su padre y de Thyra, su madre; ese Harald que ganó toda Dinamarca para sí y también Noruega y cristianizó a los daneses.*

También hay runas funerarias grabadas en lápidas. En Dinamarca se encontró la lápida de Glavendrup: *Ragnhild colocó esta lápida en memoria de Alle, sacerdote de Solver y hombre libre digno de honor. Los hijos de Alle erigieron este monumento en memoria de su padre y su esposa en memoria de su marido; y Sote grabó estas runas en memoria de su señor. Que Thor santifique estas runas.* La inscripción termina con una maldición para cualquiera que destruyera la lápida *o quien la lleve a rastras de aquí para ponerla en memoria de otro.*

En la época vikinga era frecuente atribuir a las runas poderes sobrenaturales y sagrados y sus signos los asociaban con la magia y las divinidades. Su poder era tan grande que incluso podían ser grabadas para curar enfermedades aunque también para producirlas. Un pasaje de la *saga de Egil* advierte de la importancia que tiene, incluso para la propia vida, una grabación bien hecha:

Egil preguntó a Thorfinn quién era aquella mujer tan enferma. Es mi hija y se llama Helga, dijo Thorfinn. Lleva mucho tiempo enferma, no puede dormir por la noche y delira. ¿Se ha hecho algo para curarla? dice Egil. Thorfinn respondió: el hijo de un campesino vecino ha grabado runas, pero está ahora peor que antes... Egil fue hacia la mujer y habló con ella, ordenó que la levantaran de la cama y pusieran sábanas limpias; y así lo hicieron. Buscó entre la tarima en la que la mujer descansaba y encontró un hueso de ballena sobre el que estaban las runas. Egil las leyó y las rasgó para borrarlas y arrojó el hueso al fuego y dijo: No ha de esculpir runas, sino aquel que sepa leerlas, muchos son los que yerran al usar los misterios; he visto diez runas de magia en una rama, causaron a la dueña duro y largo dolor. Egil grabó runas y las colocó bajo la almohada de la cama en la que la mujer descansaba; ella despertó como de un sueño y dijo que estaba curada.

Cuando los países nórdicos se convirtieron al cristianismo las grabaciones rúnicas empezaron a mostrar símbolos cristianos. La piedra de Dynna, en la región noruega de Hadeland, fue grabada por una madre en memoria de su hija: *Gunnvor, hija de Thryrik, construyó un puente en memoria de su hija Astrid. Era la chica más habilidosa de Hadeland*. La piedra está decorada con dibujos que representan a los tres reyes magos, montados en caballos, bajo la estrella de Belén; debajo, el portal de Belén con un caballo arrodillado. En Skane, Suecia el texto de una piedra dice: *Thorgot y Sven erigieron estos monumentos en memoria de Sveni y Manni; que Dios guarde sus almas que reposan en Londres*. En la isla sueca de Bornholm la inscripción comenta: *Sasser hizo colocar la piedra en memoria de Halvard, su padre. Se ahogó con toda la tripulación en el mar. Que Dios asista su alma eternamente. Que esta piedra se quede en memoria suya.*

Aunque la inmensa mayoría de las letras rúnicas fueron grabadas en piedra también se han encontrado talladas en otros materiales. En Ribe, al sur de Jutlandia, un palo de pino de unos 30 centímetros de largo contiene una larga inscripción en la que se detalla un hechizo, dividido en cinco partes, para conjurar el paludismo, una enfermedad que asoló Dinamarca durante la Edad Media. En Illerup, también en Jutlandia, se encontró una grabación rúnica en la empuñadura de un escudo de plata que alude escuetamente al autor: *Ny hizo*. En un collar de plata encontrado en Noruega se puede leer: *Hicimos una visita a los amigos de Frisia; Y nosotros fuimos quienes repartimos los botines de guerra*. En un cuerno de oro, encontrado al sur de Jutlandia, dicen las runas: *Yo Hlwagastir, hijo de Loti, hice el cuerno*.

Los pueblos nórdicos siguieron utilizando este sistema de escritura rúnica hasta bastante tiempo después de la introducción del Cristianismo y del alfabeto romano en su cultura. Incluso en algunas aisladas regiones rurales de Suecia sobrevivieron hasta el siglo XVII.

Literatura y poesía

Las antiguas leyendas, los poemas y canciones que narran la historia, las creencias y las tradiciones de los pueblos nórdicos de la época vikinga, fundamentalmente entre la población noruega e islandesa, se fueron transmitiendo oralmente, de generación en generación, hasta que empezaron a escribirse en el siglo XII por influencia de la cultura cristiana.

Hacia finales del siglo VIII surgió en Noruega la poesía escáldica, que alcanzó su mayor apogeo entre los siglos IX y X pasando después a Islandia donde se conservó hasta el siglo XIV. Es una poesía cortesana compuesta y recitada en público por los *skalds*, los bardos o poetas de la corte, en honor de los reyes, nobles y jefes a los que cantaban sus hazañas más recientes. Los cambios que se estaban produciendo en la sociedad tradicional con la aparición de una nueva clase social de hombres que acumulaban riqueza y poder y el proceso de formación de núcleos de poder centralizados tanto nacionales como locales o regionales alrededor de reyes, nobles o ricos propietarios fueron las bases sobre las que surgió esta forma de poesía.

Aunque los primeros escaldas fueron noruegos serían los poetas islandeses los que desarrollaron con más intensidad este género literario. No siempre dependían de un solo señor ni formaban parte de los miembros del séquito real por lo que a menudo viajaban de corte en corte recitando de memoria sus poemas ante un público que gustaba de escuchar la historia y cultura de sus países. La memoria y el recuerdo eran los vehículos de transmisión de la poesía oral escáldica cuyas características más destacadas eran las rimas y las formas aliteradas, que ayudaban al poeta a recordar las formas de los versos. Cuando recitaban ante la corte comenzaban sus poemas ensalzando las cualidades del rey para continuar contando sus exitosas campañas y terminaban alabando su magnificencia esperando conseguir, sin duda, una generosa recompensa. Con la llegada del Cristianismo este género poético escandinavo, fundamentalmente pagano, se ve influenciado por las características de la literatura europea que aporta elementos nuevos que aparecen en las obras de los juglares y trovadores medievales. Además de excelente guerrero y hombre generoso el rey o gran señor es ahora buen cristiano, defensor del Reino de Dios y de la Iglesia, y hombre caballeroso y solícito con las damas.

Los textos escritos más importantes de la literatura nórdica antigua son los *Edda*, conjunto de poemas que narran las hazañas heroicas de grandes guerreros y reyes germanos y escandinavos o que cuentan relatos mitológicos sobre sus dioses paganos. No existe unanimidad entre los autores para concretar el origen de este término. La mayoría se inclina por considerarlo procedente de la palabra *Oddi*, que era un importante centro cultural situado al sur de Islandia donde se formaron, entre otros, Snorri Sturlusson o Saemund *el Sabio.* Otros opinan que deriva de *óthr*, poesía en nórdico antiguo, o quizá de *edda*, gran abuela o bisabuela en el sentido de antiguas historias contadas por los ancianos.

La *Edda Mayor* o *Edda Poética* es una colección de poemas de los siglos VIII al XII, de origen anónimo, realizados en Noruega e Islandia y reunidos por un autor islandés desconocido para muchos aunque otros atribuyen el manuscrito, incluso algunos de los poemas que contiene, a Saemund *el Sabio* (1053-1133) destacado poeta islandés que gozó de gran prestigio entre sus contemporáneos. La mayor parte de esta poesía éddica se conserva en el manuscrito llamado *Codex Regius* que contiene más de treinta poemas que se clasifican por sus temas: mitológicos, sobre dioses germánicos y nórdicos, y heroicos, entre los que cabe destacar la historia de Sigurd, el héroe Sigfrido del *Cantar de los Nibelungos.*

La *Edda Menor* o *Edda en Prosa* es obra del poeta, político e historiador Snorri Sturluson (1179-1241) y fue escrita hacia el año 1225. Snorri era hijo del príncipe de Islandia Sturla, descendiente a su vez del famoso jefe Snorri, el protagonista de una importante saga. Tuvo una activa participación en la vida política de su país, ejerciendo el cargo de presidente del Althing en varias ocasiones. También estuvo en Noruega en la corte del rey Haakon IV *el Viejo* con quien se enfrentó por motivos políticos. Fue asesinado, se cree que por mandato del rey noruego. La *Edda en Prosa* es un tratado, dividido en tres partes, dirigido a los jóvenes poetas en el que les enseña los recursos del lenguaje poético y las normas métricas, analizando y comentando las diferentes clases de metros, y explicando las historias y leyendas mitológicas que aparecen en los textos poéticos. Esta *Edda* también se ha conservado en varios manuscritos siendo el mejor de ellos el contenido en el *Codex Regius* escrito hacia 1325.

Pero el género más conocido y popular de la antigua literatura nórdica es la *saga islandesa.* Este género comenzó a escribirse en el siglo XIII al mismo tiempo que se desarrollaba una literatura religiosa cristiana con las obras escritas en latín sobre la vida de santos y obispos que llegaron a la isla. La saga es una narración en prosa que trata fundamentalmente de los acontecimientos acaecidos durante el período vikingo. En un primer momento los temas tratados eran ante todo históricos, incluyendo datos muy fiables a pesar del tiempo transcurrido entre el hecho sucedido y su narración, con el tiempo el componente histórico dejó de tener tanta importancia, aunque nunca desapareció de la obra, y los personajes y las circunstancias que rodeaban su vida, muchas veces inventada, empezaron a ser los elementos protagonistas de las sagas. También contenían temas legendarios de la tradición germánica o sobre poemas de importantes héroes de la literatura europea como Arturo o Carlomagno. Incluso podían tratar temas contemporáneos como la *Saga de Sturlung*, que narra la historia de la importante familia a la que pertenecía el poeta Snorri Sturluson y sus fratricidas luchas por alcanzar el poder. Se consideran pues novelas históricas, fundadas en hechos que efectivamente sucedieron pero noveladas por una trama fruto de la invención del autor.

Las fuentes en las que los escritores se inspiraron para componerlas eran sobre todo orales, basadas en las historias y leyendas que se transmitían de familia en familia, los poemas escáldicos recitados por los poetas y las hagiografías y obras religiosas de la comunidad eclesiástica narradas siguiendo el estilo de los textos latinos. Los tipos principales de sagas eran las referidas a los reyes, sagas de reyes, y a las familias y personajes islandeses desde que colonizaron Islandia, sagas de islandeses. Otras hacían referencia a historias y leyendas anteriores al período de colonización en las que las referencias a elementos mitológicos eran muy abundantes. Posteriormente, copiaron los modelos de las obras de caballería y romances caballerescos de la literatura europea haciendo versiones de los poemas de grandes personajes y héroes.

El cronista Ari Thorgilsson (1067-1148) es el primer escritor islandés conocido y es considerado por muchos autores el creador de la llamada saga islandesa. Su obra, *Libro de los islandeses*, escrita hacia el año 1122, fue la primera narración en lengua nativa que relataba la historia de Islandia, detallando la vida de los reyes y de la sociedad en la primera época de la colonización noruega. También a él se le atribuye parte de la redacción del *Libro de la colonización*, donde se enumera los nombres de cerca de 400 colonizadores de Islandia y relata cómo fueron las condiciones de vida de estos pioneros.

Entre las sagas de reyes destaca la *Heimskringla* o *La saga de los reyes de Noruega* escrita por Snorri Sturluson entre los años 1220 y 1237. En ella relata la historia de los sucesivos monarcas que gobernaron Noruega desde sus orígenes hasta el año 1177. Es una narración muy completa y bastante fiel que pretende contar la historia del país mostrando no sólo la importancia histórica de las hazañas realizadas por los personajes sino también resaltar el interés humano de los protagonistas. Comienza la saga relatando las hazañas de los primeros reyes legendarios para centrarse a continuación en la figura del primer rey de Noruega, Harald I Harfager, *el de la Hermosa Cabellera*, describiendo la situación social y sus esfuerzos por controlar el país. Prosigue con el relato de sus sucesores, de manera cronológica hasta 1177, narrando las luchas dinásticas entre los diferentes miembros de la familia que querían hacer valer su derecho a la sucesión y los problemas y conflictos sociales que afectaban a la población. Dentro de este género Snorri escribió también la *Saga de San Olaf* que incluyó más tarde en la narración *Heimskringla* y que se convirtió en el núcleo central de esta obra. En el prólogo de esta obra, escrito por el propio Snorri, confirma cómo los poemas escáldicos constituyen una fuente histórica fundamental en los que basa sus relatos:

En la corte del rey Harald había poetas y todavía la gente recuerda sus poemas y los poemas de todos los reyes que han gobernado después en Noruega; y creemos que es verdadero lo que se dice en esos poemas que eran para los mismos reyes o para sus hijos. Y pensamos que lo que ahí se cuenta en esos poemas de sus viajes o sus batallas es cierto. Porque los poetas deben alabar al hombre a quien sirve y no osarían relatar hazañas que todos los hombres sabían que eran invención o mentira porque eso sería una burla y no alabanza.

La *Saga de Egil Skallagrimsson* es una de las obras más importantes y con mayor valor literario de las que componen las sagas de islandeses. Fue escrita por Snorri Sturlusson y narra la vida y las hazañas de Egil, poeta y guerrero, colonizador y navegante, la vida de su familia y relata los acontecimientos conflictivos de la época que le tocó vivir. Dentro de su faceta de poeta hay que destacar el poema la *Pérdida irreparable de los hijos* que Egil compuso, deshecho de dolor, tras la muerte de su hijo y que para algunos autores, como Enrique Bernárdez, consideran que es *la obra maestra de la poesía de Egil*:

Mi linaje ya se hunde
en la decadencia,
es un bosque repleto
de árboles caídos;
hondo dolor sufre
quien saca del lecho
al pariente querido
y lo lleva a su tumba.

La *Saga de Njal*, que es una de las más extensas, la de *Gisli Sursson*, que describe las condiciones de vida de un héroe desterrado en Islandia, la de *Laxdale*, sobre la historia de los habitantes de la región de Lax, son algunas de las numerosas obras que componen este género literario en el que siempre el tema principal es la vida de las familias y personajes de origen islandés pero siempre haciendo referencia a las tradiciones noruegas. Aunque el interés de los islandeses por la lectura de este tipo de literatura se ha mantenido durante largo tiempo es cierto que a finales del siglo XIII, coincidiendo con la anexión noruega de la isla, la producción literaria disminuyó sensiblemente y desde esta época no se ha vuelto a escribir ninguna obra importante.

También Noruega recibió la influencia de la literatura europea a través de las traducciones de sermones y homilías, de las vidas de santos o de romances caballerescos. De esta época de florecimiento de la literatura escandinava, siglo XIII, es un texto, de autor desconocido escrito en verso titulado *El espejo de los reyes* que es un compendio sobre la moral, la virtud y las costumbres como valores de la sociedad. La creación literaria decayó en Noruega a finales de siglo al unirse políticamente con Dinamarca y quedar bajo su ámbito de influencia en todos los aspectos: político, cultural y lingüístico. Desde entonces no se hizo ninguna obra de interés hasta el siglo XVI con la traducción que el escritor Clausson Friis hizo de *La saga de los reyes de Noruega* que enardeció los sentimientos de identidad nacional entre la población.

Dinamarca vivió un proceso literario similar al resto de países escandinavos aunque su producción no fue tan importante como en Noruega y, sobre todo, Islandia. La literatura antigua escandinava se desarrollaba en torno a la poesía que por tradición oral hablaba de las leyendas, canciones y cuentos populares. Una de las obras más importantes del siglo XIII, para conocer las costumbres y la cultura medieval danesa, fue escrita por el primer historiador danés conocido, Saxo Grammaticus (c. 1150-c. 1220). Su obra *Gesta danorum* o *Gesta de los daneses*, escrita en latín, cuenta en dieciséis libros la historia de Dinamarca desde sus orígenes legendarios hasta finales del siglo XII. La primera parte de la obra incluye antiguos poemas y leyendas que forman parte de la tradición oral primitiva así como relatos mitológicos y legendarios de personajes fantásticos. En la segunda parte, el autor narra las gestas de los reyes de Dinamarca hasta su época coetánea.

Fiestas y deportes

Los hombres del norte de Europa celebraban sus fiestas en consonancia con las fuerzas de la naturaleza por eso las más importantes coincidían con los solsticios de invierno y de verano, pero también celebraban en otoño y primavera. Eran fiestas de ciclo anual pues sus características climáticas hacían que su vida cotidiana se viera alterada por el ciclo de las estaciones que implicaban grandes diferencias no sólo en la duración de los días y las noches sino también en las temperaturas que soportaban. Durante la época pagana celebraban multitudinarias fiestas de carácter religioso con grandes banquetes y ceremonias rituales de sacrificio a sus dioses. En estas reuniones los hombres no podían llevar armas pues se consideraba que estos lugares eran sagrados y por tanto inviolables.

Con la llegada del frío se paralizaban las labores cotidianas por lo que los hombres debían tener todo terminado antes de que la nieve cubriese sus campos. Entonces celebraban una fiesta de invierno a la que llamaban *Jól*, dando la bienvenida a la nueva estación y pidiendo fertilidad para sus campos y disfrutar de buen tiempo para conseguir buenas cosechas que les permitieran vivir bien y tener la subsistencia asegurada. Eran tiempos de paz donde los sacrificados hombres y mujeres del campo se reunían, bebiendo y jugando, repitiendo los mismos rituales que se sucedían año tras año. Una vez terminadas las labores de recolección y con las despensas llenas de carne fresca procedente de las matanzas, los hombres descansaban de las duras faenas agrícolas honrando al dios solar, Frey, para que les concediese prosperidad y les asegurase una buena cosecha para el año que comenzaba entonces. Algunos animales tenían una presencia destacada en la celebración de estos festejos. Así por ejemplo, era frecuente que los hombres pasasen sus manos por las cerdas de un jabalí para atraer buena suerte y que sus campos dieran las mejores cosechas. Realizaban este ritual porque su tradición contaba que el jabalí del dios Frey tenía una cerdas tan brillantes que su luz iluminaba la noche. El caballo, tan apreciado por los nórdicos por su carácter sagrado, tampoco podía faltar en esta fiesta. Los hombres encargados de las caballerizas se levantaban al amanecer y ensillaban los caballos. Luego les soltaban para que galopasen a la mayor velocidad posible. Su destino era una fuente, en la que arrojaban como ofrenda una moneda de plata, y de la que tenían que beber. Después, sin demorarse, debían regresar por el mismo camino. Una vez en las cuadras los mozos los desensillaban y los limpiaban. El caballo que había bebido el agua de la fuente y había regresado el primero a la aldea tendría asegurado un año de suerte. El macho cabrío, identificado por sus tradiciones como el portador de las ofrendas, también tenía un lugar destacado en estas fiestas. Los mozos del pueblo le representaban poniéndose sus pieles y cubriendo sus cabezas con grandes cuernos provocando la sonrisa de jóvenes y mayores en un ambiente de fiesta y regocijo.

No olvidaban a los familiares y amigos fallecidos y en cierta manera también se hacían en su honor estos festejos. Después de matar a un animal macho y ofrecer el sacrificio como ofrenda al dios venerado, no podía faltar el banquete con una buena mesa y una buena comida. Las mujeres se esforzaban en adornar la mesa a la que se sentaría la familia y sus invitados. Preparaban en las cocinas las viandas más exquisitas, como la carne de caballo que sólo se consumía para celebrar acontecimientos importantes, y luego todos juntos compartían los alimentos y bebían brindando por el alma de todos aquéllos que ya no estaban con ellos. En la estancia también dejaban comida para los duendes, las almas y los espíritus que se reunirían para celebrar esta fiesta de invierno y repartir entre los aldeanos buena suerte y prosperidad para el año que entraba. Parece evidente que, junto al sentimiento de respeto hacia el difunto y sus hazañas realizadas durante su vida, el hombre nórdico manifestaba cierto temor hacia ellos, los muertos vivientes, los espectros. Un miedo a los muertos que se arraigó en la memoria de la superstición colectiva medieval escandinava, que llega incluso a nuestros días, y que las creencias cristianas sobre la comunidad de la vida y la muerte no han podido modificar. Después de comer y de beber ocupaban el resto del tiempo escuchando las historias de la poesía escalda o participando en competiciones deportivas.

En el solsticio de verano los campesinos nórdicos celebraban, a finales de junio, que habían terminado las labores agrícolas en espera de recoger la cosecha. El ganado se subía a los pastos de las montañas, los hombres se podían embarcar en sus expediciones de comercio o de saqueo y el heno estaba seco y guardado en los graneros. Viene a ser el equivalente de la fiesta que el 1 de mayo celebraban muchos pueblos campesinos de Europa central y occidental festejando la llegada de la primavera. Alrededor de unos palos altos adornados con cintas, coronas o frutas, como símbolo de fertilidad, los campesinos se reunían bailando y cantando celebrando el resurgir de la vida y los dones que les brindaba la naturaleza. En los fríos territorios nórdicos en esa fecha los arbustos se encontraban todavía helados y las plantas no habían florecido por eso celebraban la fiesta a finales del mes de junio. En algunos pueblos los hombres y mujeres se reunían alrededor de una vara alta y floreciente; en otros, alrededor de un palo alto en forma de mástil. Una antigua tradición nórdica afirmaba que si las jóvenes muchachas de la aldea colocaban debajo de su almohada un ramo, formado por nueve clases diferentes de flores, podrían conocer en sus sueños lo que les deparaba el futuro y que el rocío de esa noche era la levadura con la que elaboraban un pan de calidad superior al que normalmente consumían. Entonces se producía el milagro y el helecho florecía. El festejo comenzaba, al igual que en la gran fiesta de invierno y en otras fiestas locales, con un sacrificio en honor de un dios y se pasaba a continuación a la celebración del banquete, donde lo importante era comer y beber sin límite hasta casi perder el conocimiento. También en verano celebraban competiciones de caballos, un animal del que admiraban su fuerza y su belleza, y en el que veían reflejada la fuerza de los dioses además de apreciar su utilidad como un rápido medio de transporte. Allí acudían todos los caballos de la zona y una de las pruebas que más aplaudían era la lucha entre los equinos. No sólo se enfrentaba un caballo contra otro sino que podían intervenir varios al mismo tiempo. Cuando los caballos se mordían y salían huyendo a la vez se terminaba el combate y los hombres consideraban que la lucha había sido equilibrada. Las *sagas* dan testimonio de la emoción y entusiasmo que estas peleas causaban entre los propietarios y los espectadores en general, que a menudo terminaban en peleas entre ellos y en no pocos casos en muertes.

Cuando en la Edad Media los países nórdicos fueron cristianizados éstas costumbres paganas siguieron celebrándose, eso sí, con apariencia cristiana. La Iglesia no se opuso a estas tradiciones aunque censuró algunas prácticas, como las de dejar alimentos para los espíritus o las representaciones del macho cabrío, tachándolas de supersticiosas. Otras fiestas que se celebraban en la Europa nórdica cristianizada tenían ya un marcado carácter religioso y solían realizarse entre la primavera y el verano. Los campesinos paseaban en procesión la imagen del santo del lugar o sus huesos y reliquias; salían del templo llevando a hombros a su patrón y recorrían las calles de la aldea para que purificara sus viviendas y luego acudían a los campos pidiendo que, por su intervención, tuvieran una buena y abundante cosecha. Así ocurría por ejemplo en Dinamarca o en Noruega con San Olaf.

Una costumbre tradicional en los pueblos del norte era la hospitalidad. El anfitrión estaba obligado a ofrecer cerveza a sus invitados y éstos debían consumir toda la bebida y la comida que le ofrecieran. La abundancia y exquisitez de los manjares y bebidas constituía también un signo de la posición social que ostentaba el dueño de la casa. Por eso cuando las fiestas las organizaban las clases nobles o ricos campesinos competían por ver quién era el que ofrecía tal cantidad de comida, que excediera la capacidad de consumición de sus invitados. También era costumbre que al principio los hombres bebieran en pareja de un mismo cuerno y podían ser parejas tanto de hombres como de hombre y mujer. Después, cada uno utilizaba su propio cuerno y frecuentemente establecían competiciones para ver quién era el que más podía beber, quién era el más fuerte.

La *saga de Egil* nos narra una de estas escenas:

Luego trajeron a la mesa la cerveza, que se había elaborado en casa, y era muy fuerte. Enseguida cada uno vaciaba su propio cuerno entero; se prestaba especial atención a Egil y a sus compañeros que beberían ávidamente todo lo que pudieran. Egil bebió sin parar un rato largo y cuando sus compañeros se marearon siguió bebiendo la parte de los que ya no podían. Y continuaron hasta que se retiraron las mesas. Todos los que bebían estaban ya muy borrachos; pero cuando Armod bebía un cuerno entero, decía: ¡bebo a tu salud Egil! Y todos los hombres de la casa bebían a la salud de los compañeros de Egil con las mismas palabras... Egil se dio cuenta finalmente de que ya no podía seguir bebiendo; entonces se levantó y se dirigió hacia donde estaba Armod; le agarró por los hombros y le empujó contra la pared detrás de su asiento. Egil vomitó sobre la cara de Armod, en los ojos y en la nariz y la boca y le cayó sobre el pecho y Armod se quedó sin respiración y cuando respiró otra vez él también vomitó... Egil volvió a su sitio, se sentó y pidió beber... estuvo bebiendo largo rato y vació todos los cuernos que le dieron... se levantó entonces con sus compañeros, y tomaron sus armas de las paredes donde las habían colocado y se fueron al establo donde estaban sus caballos, se acostaron sobre el suelo de paja y durmieron durante toda la noche.

No permanecían más de tres días como invitados, tal y como establecían sus normas de cortesía, y cuando abandonaban la casa el dueño les ofrecía regalos como despedida. La obligación de preparar fiestas para acoger a los reyes y a su séquito en sus desplazamientos afectaba tanto a la clase aristocrática como a los campesinos que trabajaban las tierras que pertenecían a los reyes o las suyas propias. Cuando el número de invitados era muy grande, y por tanto las casas no podían acoger a tanta gente, se habilitaban otras dependencias de la granja, como por ejemplo los graneros. En la larga sala de las casas nórdicas los escaños estaban apoyados en las paredes y situados a diferentes alturas. El propietario de la casa ocupaba el lugar de honor que correspondía al asiento más alto. Entre las dos filas de bancos había un pasillo donde los invitados esperaban hasta ser colocados en el lugar que les correspondía según su posición social. En el escaño situado en el centro y enfrente del que ocupaba el dueño de la casa se sentaba el invitado más importante. Cuando éste era un rey el anfitrión podía cederle su banco. En estas veladas también les gustaba escuchar la poesía recitada por los escaldas, los relatos de historia y la lectura de las sagas y no debía faltar la música y el baile. Sin embargo, hay muy pocos restos de los instrumentos musicales y apenas se conocen cómo eran sus danzas y bailes. La influencia de la cultura cristiana introdujo hacia el siglo XII los bailes en corro acompañados de los cantos o baladas tan frecuentes en Europa occidental. En la excavación de Sitguna se encontró una pequeña flauta hecha con hueso con cinco agujeros para los dedos. Se sabe que tocaban la lira, flautas y un instrumento similar al violín. La mayoría estaban hechos de madera y las flautas se fabricaban con largos huesos de animales a los que hacían un número variable de agujeros para poner los dedos.

La mayor parte de los deportes y actividades realizados al aire libre estaban basados en la fuerza física y en la habilidad y destreza de los participantes. Eran muy populares en Islandia las luchas entre dos combatientes que debían sujetarse por la cintura e intentar derribar al contrario. Esta prueba además de fuerza requería habilidad para realizar movimientos precisos que tiraran al rival. Debía de ser una práctica parecida a la lucha grecorromana. Uno de sus juegos favoritos, en el que medían su fuerza y forma física, era el juego de pelota. Para ello utilizaban una pelota y una especie de bate para golpearla. El juego consistía en golpear la pelota lo más lejos posible, correr para recuperarla y lanzarla de nuevo hasta conseguir llevarla más allá del límite del campo de su adversario. Era una forma agradable de entretenimiento para los jugadores y para los espectadores que lo vivían con tanta intensidad que eran frecuentes las peleas entre ellos cuando no estaban de acuerdo con los lances del juego o con el resultado. También practicaban carreras de natación y como pueblo guerrero que eran, la preparación física y el entrenamiento para la destreza en el uso de las armas eran actividades que no podían descuidarse y requerían una práctica continua. Por eso eran frecuentes las competiciones de tiro con arco, el lanzamiento de jabalina o hachas y la lucha con espadas. En ellas los participantes se esforzaban por mostrar sus habilidades y conseguir la victoria pues el éxito obtenido les garantizaba un elevado prestigio social en su comunidad.

Los juegos de mesa constituían una atractiva diversión para los hombres de la sociedad vikinga a juzgar por los numerosos objetos de entretenimiento encontrados en las sepulturas. Practicaban juegos de tablero en los que era tan importante la suerte como la inteligencia y la destreza. Entre ellos destacaba una especie de juego de guerra, conocido como *hnefatafl*, que se jugaba sobre un tablero de madera, que tenía un número variable de espacios marcados con agujeros, siempre en número impar, pero se desconocen las reglas de juego. El encontrado en Gokstad tenía 15 × 15 puntos de apoyo, mientras que el hallado en el asentamiento irlandés de Westmeath tenía 7 × 7. En algunas piedras rúnicas se representaban escenas con este juego. Otros juegos practicados sobre tablero fueron el ajedrez y uno parecido a las tres en raya. En las Hébridas se han encontrado piezas de ajedrez, finamente talladas en marfil de dientes de morsa. Otras piezas de juego, como dados, encontrados en la excavación de Lund, Suecia, estaban hechas de diferentes materiales y sus formas y tamaños también eran variables. Los niños participaban de los juegos de competición, como la pelota o la natación. También jugaban con barcos, animales o armas talladas en madera, imitando las costumbres de sus mayores.

Las fiestas, los juegos, los deportes, las tranquilas veladas interiores en las largas y frías noches invernales tuvieron un gran significado social para la comunidad nórdica y constituyeron momentos excepcionales de bienestar en la dura vida cotidiana que marcaba el ciclo anual de las actividades agrícolas.

CAPÍTULO VII

RELIGIÓN DE LOS HOMBRES DEL NORTE

Mitología escandinava

La mayor fuente de información para conocer los mitos y leyendas que constituían la religión precristiana de la población nórdica se encuentra en la primitiva cultura germánica y escandinava, en las inscripciones rúnicas, en la poesía escáldica, en los Eddas, en las sagas islandesas y noruegas y en las obras de historiadores como el danés Saxo Grammaticus o el alemán Adam de Bremen. Estas creencias fueron transmitidas posteriormente por los historiadores medievales cristianos y probablemente nos llegaran alteradas desde sus personales convicciones religiosas. Sin embargo, los mitos escandinavos sobre los legendarios dioses y héroes, el origen y el final del mundo y las antiguas creencias de la Escandinavia primitiva se fueron desarrollando lentamente alejándose de la primigenia mitología común a todos los pueblos germánicos.

Los mitológicos dioses paganos escandinavos pertenecían a dos clases de grupos o tribus divinas, los *Aesir* (Ases) y los *Vanir* (Vanes). En un principio ambos grupos estuvieron enfrentados pero consiguieron sellar un acuerdo de paz a cambio de la entrega de rehenes. De este modo los Vanes pudieron acceder al reino de los Ases. Algunas teorías consideran que estos dioses primitivos no eran mitos sino el recuerdo que quedaba por tradición oral de unos hombres muy importantes y valerosos que habrían protagonizado grandes hazañas. En consecuencia, identifican las luchas entre Ases y Vanes con las contiendas entre las primitivas tribus asentadas en Europa y los pueblos invasores indoeuropeos.

Buri era el dios primigenio y padre de Bor que a su vez fue padre de los dioses Odín, Vili y Ve. Odín era un dios de los Ases y el jefe de todos los dioses nórdicos. Era el dios de los guerreros, de los poetas y de la sabiduría y experto en magia. Sólo tenía un ojo porque el otro se lo había dado como prenda al gigante Mimir a cambio de poder beber de la fuente de la sabiduría que vigilaba el gigante. Poseía un caballo de ocho patas, *Sleipner*, una lanza, *Gungnir*, un anillo, *Draupner* y dos cuervos negros, *Hugin* y *Munin*, que se encargaban de mantenerle informado de todo lo que ocurría en los nueve mundos que formaban el Universo.

Otros dioses pertenecientes al grupo de los Ases eran Friga, mujer de Odín y diosa de la tierra y del matrimonio y el hogar. Jord, también mujer de Odín y diosa de la tierra. Era la madre de Thor, dios del trueno y primogénito de Odín, y el segundo dios más poderoso después de su padre. Poseía una fuerza sobrenatural y ayudó a los dioses a defenderse de los gigantes. Tenía un martillo con poderes mágicos, el arma más poderosa del mundo, que al lanzarlo siempre acertaba sobre el objetivo antes de regresar de nuevo a sus manos. Este martillo, *Mjollnir*, era llevado por muchos hombres como amuleto. Su esposa Sif, era diosa de la fertilidad y de las cosechas.

Odín y Friga tuvieron dos hijos: Balder y Hodur. Balder era el dios de la verdad y de los más altos sentimientos de inocencia y bondad. Su hermano le causó la muerte disparándole una flecha de muérdago, instigado por el malvado Loki.

Había otros muchos dioses mitológicos que son menos conocidos: Tyr era el dios de la fuerza física y de la guerra. Velaba porque los combates se celebraran con honor pero también con astucia. Heimdall, guardián de la entrada al reino de los dioses, que avisará de la llegada del Ragnarök, haciendo sonar su cuerno *Gjallarhorn*; Eir, diosa que tenía la facultad de sanar; Forseti, dios que impartía justicia entre los dioses y al que todos respetaban; Hel, hija de Loki y diosa de la muerte, habitaba en el reino de los muertos, *Helheim*, a cuya mansión acudían los que habían muerto por enfermedad o por vejez; Bragi, dios de la música, la literatura y la poesía; Nanna, diosa de la luna y esposa de Balder.

Dentro del mundo de los Vanes destacaba Njord, dios de los vientos y de la navegación al que invocaban para calmar las violentas tempestades que hacían naufragar los barcos. Su hijo Frey era también dios de la fertilidad y de la lluvia y era invocado para obtener buenas cosechas. Tenía un jabalí de oro llamado *Cerdas Doradas*, que tenía la capacidad de correr a gran velocidad por la tierra y el cielo y una nave mágica, *Skidbladnir,* que navega con el viento a gran velocidad sin que ningún otro barco pueda alcanzarla. Su tamaño era tan grande que todos los Ases cabían en ella. Su hija Freya era diosa de la fertilidad, del amor y de la riqueza. Tenía una gran capa mágica hecha de plumas con la que podía transformarse en halcón cuando quisiera. Después de la guerra contra los Ases por el dominio del mundo estos dioses Vanes llegaron al reino de los dioses, *Asgard*, el paraíso, donde se integraron y vivieron todos juntos defendiendo su imperio de las fuerzas del mal.

Asgard, estaba dividido en doce reinos en los que los principales dioses tenían un lujoso palacio. El más importante era el *Valhala*, la mansión de Odín donde llegaban los guerreros que habían muerto heroicamente en la batalla. La sala principal tenía el techo abovedado recubierto de escudos y cada una de sus 540 puertas permitían el acceso de filas de 800 guerreros que se habían ganado su estancia en el palacio. Después de atravesar el puente Bifrost o Puente de los Ases, las valquirias, mujeres guerreras hijas de Odín dirigidas por la poderosa y bella Brunilda, eran las encargadas de recibir a los héroes, darles la bienvenida, ofreciéndoles un cuerno que contenía una bebida que les hacía inmortales, y conducirles hasta el palacio. Numerosas fuentes escritas recogen la leyenda de Brunilda y las valquirias que aparece tanto en los *Eddas*, en la islandesa *Volsunga Saga* o *Saga de los hijos de Sturla* y en el poema épico medieval del *Cantar de los nibelungos*.

Normalmente los valientes guerreros llegaban al paraíso a bordo de sus embarcaciones aunque también podían realizar el viaje a caballo o en un carruaje. La vida en el palacio era muy agradable y placentera. Y al igual que lo habían hecho en vida cada día los caballeros luchaban valientemente en los alrededores del *Valhala* sin importar si se herían o no porque cuando la pelea terminaba todos estaban indemnes. Después de la batalla se reunían y celebraban un banquete con Odín, bebiendo y comiendo carne de cerdo asado, su preferida, un cerdo que se consumía diariamente y que al día siguiente resucitaba para ser asado y comido de nuevo.

El mito del origen y fin del mundo también aparece recogido en numerosas fuentes. El poema *Völuspá* conocido también como *La Profecía de la vidente*, y recogido en la *Edda Mayor*, o *Gylfaginning*, de la *Edda* de Sturluson describen el principio del mundo, la creación de los hombres, las luchas de las criaturas monstruosas con los dioses que terminarán con la destrucción del mundo conocido y el comienzo de otro nuevo. En un principio sólo había el caos, la nada, el vacío abismal, el *Ginnungagap*, que ocupaba dos países: Niflheim, el reino de los hielos y el frío y Muspellheim, la región del calor y las llamas. En la frontera entre estos dos reinos se encontraron el frío y el calor y la nieve se fue derritiendo lentamente y una criatura fue moldeada por el frío y el calor le dio la vida, era *Ymir*, el gigante de escarcha, el padre de todos los gigantes que habitaron en Utgard y en Jotunheim. Pero a medida que el hielo se derretía las gotas fueron modelando otra criatura colosal: la vaca *Audlumla*. De sus enormes ubres brotaba gran cantidad de leche de la que se alimentó el gigante Ymir. La vaca empezó a lamer el hielo salado que cubría las piedras y encontró largos mechones de pelo. Continuó lamiendo al día siguiente y vio que de las piedras salía una cabeza y un rostro. Al tercer día extrajo un cuerpo, era Buri, el dios primigenio de quien descienden todos los dioses Ases. El colosal Ymir tuvo hijos que surgieron de él mismo: un día mientras dormía empezó a sudar profusamente y del sobaco de su brazo izquierdo salieron un hijo, Mimir, y una hija, Bestla. De sus piernas nació una criatura con seis cabezas. Estaba surgiendo la estirpe de los *gigantes de escarcha*, llamados también ogros o *trolls*.

Bor, hijo de Buri, se unió con la giganta Bestla y engendraron a Odín, Vili y Ve. No tardaron los tres hermanos en rebelarse contra Ymir y su numerosa descendencia y se enfrentaron en una cruenta batalla. Pero los dioses vencieron y mataron al gigante Ymir y al resto de gigantes excepto a dos que consiguieron huir. Éstos serían los padres de todos los posteriores gigantes de hielo. El cadáver del gigante lo colocaron sobre el abismo, en el centro del Ginnungagap y con su cuerpo hicieron la tierra, con su cerebro las nubes y con su cabeza, dispuesta en forma de bóveda, el cielo, con su sangre el mar y los lagos, con sus huesos las montañas y con sus dientes las piedras y las rocas. Por último, los dioses tomaron las brillantes chispas que crecían en el reino del fuego, en Muspellheim, y las colgaron del firmamento formando las estrellas, y de ellas crearon también el Sol y la Luna a los que dieron un carro tirado por dos caballos para que se desplazaran por el firmamento.

En la sangre de Ymir se habían formado pequeños gusanos que salieron tras su muerte. Los dioses les dieron forma de enanos para que vivieran en el suelo, bajo las piedras y rocas en el mundo subterráneo. Así surgieron los duendes. Cuatro de ellos fueron obligados a sostener la bóveda del cielo y desde esos cuatro puntos vigilaban todo el Universo. Eran los duendes llamados: Norte, Sur, Este y Oeste. Después entregaron un caballo y un carro a la gigante Noche y a su hijo Día para que giraran sin parar durante todo el tiempo alrededor del mundo. Así surgieron la noche y el día.

Los hijos de Bor caminaban un día por la playa y se encontraron dos troncos de árboles que las olas habían depositado en la arena. Los pusieron de pie y crearon un hombre y una mujer de los que descendería la estirpe de todos los hombres. Al hombre le llamaron Ask y Embla a la mujer y los dioses les dieron la vida y un lugar para vivir: Midgard. Y en medio del mundo, Asgard, la morada de los dioses, una poderosa fortaleza rodeada de defensas para protegerla de las fuerzas malignas que reinaban en el exterior, en la oscura tierra salvaje donde habitaban los gigantes.

Y presidiendo todo, estaba el gran árbol llamado Yggdrasil, un fresno cuyas ramas se extendían por el tiempo y el espacio y sus tres raíces alcanzaban el Niflheim, el reino de los Ases y el reino de los gigantes del hielo. El mundo sólo existiría mientras Yggdrasil, el centro del Universo, se mantuviera frondoso y sus hojas verdes como símbolo de la vida y la regeneración. Bajo sus raíces se encuentran la fuente de Mímir, cuya agua contenía oculta toda la sabiduría y el conocimiento y en cuyo fondo estaba depositado uno de los ojos de Odín, y la fuente sagrada de Urd donde los dioses tenían su tribunal. Junto a esta fuente vivían unas doncellas llamadas *nornas* encargadas de modelar el destino de los hombres; las nornas buenas procuraban una vida larga y próspera mientras que las malas modelaban los malos destinos de los hombres. Se llamaban: Urd, el pasado; Verdandi, el presente, y Skuld, el futuro.

Pero en este mundo además de los dioses, hombres, elfos, enanos y gigantes, existían otros seres monstruosos que terminarían por destruir el mundo. Los principales eran los tres hijos que el dios Loki engendró con la gigante Angrboda: el lobo Fenrir, Jormungard, la malvada serpiente del Midgard y Hel, la diosa de la muerte. Cuando los dioses supieron por los oráculos las desgracias que traerían a su reino los hijos de Loki y que les acabarían matando, decidieron ponerles en cautividad. Jormungard fue arrojada al fondo del mar y formó un anillo, introduciendo su cola en la boca, que rodeaba toda la tierra habitable; Fenrir fue atado con unos fuertes grilletes, que forjaron los duendes, a una roca y Hel fue arrojada al Niflhem, el reino del fuego que acogería a los hombres muertos por vejez o enfermedad. La llegada del Ragnarök, o el final del mundo, estaría precedida, según esos oráculos, con la llegada del invierno, llamado *Fimbul*, tres años de duras heladas y grandes nevadas en las que el sol nunca lucirá. En ese momento los hijos de Loki se liberarán de su cautiverio y se unirán a su padre junto con los gigantes de hielo y todas las fuerzas del mar para atacar a los dioses. Éstos tomaran las armas y conducidos por Odín y Thor, ayudados por el ejército de los guerreros del Valhala, se enfrentaran a los gigantes y a los monstruos. Pero también saben que de nada les servirá su defensa: la serpiente del Midgard matará a Thor antes de morir; Fenrir se tragará a Odín y luego morirá a manos del dios Vidar; Tyr morirá ante el perro Garm; Surt, aliado del fuego, matará al dios Frey, y Loki luchará contra Heimdall y ambos morirán. Después, un gran incendio destruirá la tierra y será el fin del Universo. Pero aún quedará esperanza porque algunos dioses sobrevivieron al Ragnarök como Modi y Magni, hijos de Thor, o Vali y Vidar, hijos de Odín. También una pareja humana que se había refugiado en el sagrado Yggdrasil logró sobrevivir al cataclismo. Éstos junto con el dios Balder, que regresó del reino de los muertos, habitarán en un nuevo mundo paradisíaco que surgió sobre las ruinas del anterior, en Ídavellir el lugar donde antes se encontraba Asgard. De esta manera, la vida continuaba en un nuevo mundo regenerado.

Uno de los personajes más importantes y representativos de los mitos nórdicos es el joven y valiente Sigurd, en el que se inspiró Richard Wagner (1813-1883) para componer la tetralogía *El anillo del nibelungo*, drama sobre dos grandes héroes germánicos, Sigmund y Sigfrido. La leyenda del nórdico Sigurd aparece en la *Edda Mayor*, en la *Edda en Prosa*, en la *Volsunga saga* y está representada en numerosas piedras rúnicas encontradas por todo el norte de Europa, incluso en Rusia y Letonia. Cuenta cómo Sigurd, hijo del gran héroe Sigmund, se crió con un herrero llamado Regin, que le regaló una espada muy resistente y afilada con la que consiguió matar a un dragón que custodiaba un gran tesoro. Regin le pidió parte del tesoro puesto que él le había fabricado la espada. Después de alguna discrepancia Regin le dijo que asara el corazón del dragón y se lo diera para comérselo. Así lo hizo Sigurd pero al dárselo se quemó un dedo y se lo llevó a la boca para mitigar el dolor. En ese momento, la sangre del corazón del dragón que quedó impregnada en su mano le dio la facultad de comprender el canto de los pájaros. Cuando descansaba junto a un árbol, al que había atado a su caballo *Grani*, Sigurd escuchó cómo los pájaros posados en las ramas del árbol le prevenían de las intenciones del herrero Regin, que quería matarle para apoderarse del tesoro. Sigurd logró vencer al herrero y le degolló con su espada.

Con su valioso tesoro llegó al reino de la princesa Brynhild, de la que se enamoró inmediatamente y los dos jóvenes se hicieron promesa de fidelidad mutua. Sigurd continuó sus aventuras y llegó a la corte del rey Giuki, que tenía una hermosa hija, Gudrun y tres hijos: Gunnar, Hogni y Guttorm. La madre de la princesa, que vio en el rico y valeroso Sigurd un buen pretendiente para su hija, le dio una poción mágica para que perdiera la memoria y olvidara a Brynhild y pudiera casarse con Gudrun. Así sucedió y Sigurd se integró en la nueva familia haciendo un juramento de sangre con sus nuevos hermanos, Gunnar y Hogni. Una vez rota la promesa de fidelidad hecha a la princesa Brynhild, Gunnar decidió aprovechar la ocasión para conquistarla. Pero la princesa había prometido que sólo se casaría con el hombre que fuera capaz de atravesar la barrera de fuego que protegía su mansión. Gunnar sabía que no tenía el valor y la fuerza suficiente para superar esa prueba así que pidió a Sigurd que le ayudara. Éste aceptó e intercambió su aspecto con su hermano de sangre y logró superar la barrera de fuego. Brynhild tuvo que cumplir su promesa y en señal de fidelidad le entregó el anillo que el propio Sigurd le había regalado cuando se prometieron. Cuando se celebraron los esponsales, y Brynhild fue a vivir a la corte del rey Giuki, Sigurd recobró por fin la memoria. El drama continúa con la venganza de Brynhild al descubrir que Sigurd había tomado la apariencia de Gunnar. El tercer hermano, Guttorm, que no hizo el vínculo de sangre con Sigurd, le mató clavándole una espada. Brynhild se suicidó y moribunda rogó que la quemaran en una pira funeraria junto a Sigurd.

De las creencias paganas al cristianismo

No cabe duda de que la verdadera integración de la cultura europea occidental en Escandinavia tuvo lugar a finales del siglo XI con la conversión de estos territorios al Cristianismo. El contacto con otros países como Inglaterra, Irlanda o el Imperio franco que ya llevaban varios siglos de tradición cristiana y la labor de los misioneros, ingleses, alemanes y franceses, comenzó a dar sus frutos primero en Dinamarca, luego en Noruega y mucho más tarde y con mayor dificultad en Suecia y Finlandia, países que mantenían muy arraigadas sus costumbres paganas. Lograron su objetivo por el apoyo encontrado en los primeros reyes que abrazaron el cristianismo como el danés Harald *Diente Azul*, o el noruego Olaf Tryggvesson que se convirtió durante una campaña en Inglaterra y facilitó la conversión de Islandia, Groenlandia y las islas Feroe aunque el éxito sólo fue parcial en Noruega y también Olaf *el Santo* que permitió la edificación en su territorio de numerosas iglesias, dependientes de la metrópoli de Hamburgo, y la fundación de algunos monasterios. Los normandos asentados en Normandía y en Sicilia contribuyeron a una progresiva cristianización, llegando a convertirse el reino normando de Sicilia en feudatario de la Santa Sede.

Hasta principios del siglo IX los países nórdicos seguían siendo fundamentalmente paganos practicando los usos de la antigua religión germánica. Veneraban a sus dioses mitológicos pero también a las fuerzas de la naturaleza y a los espíritus representados en ella. Ofrendas a los dioses, al agua, a los árboles, a las rocas... eran prácticas habituales en su vida cotidiana. Con ello imploraban a los buenos espíritus el beneficio propio, la suerte y la fortuna personal. No se conoce que tuvieran una jerarquía sacerdotal por lo que parece más probable que cada dios tuviera sus propios sacerdotes que a la vez eran los jefes locales o los cabeza de familia. Pues también en el ámbito de la religión la familia constituía el núcleo principal, representando el padre de familia el papel de sacerdote que dirigía el culto, a una divinidad específica, en las ceremonias familiares que la mayoría de las veces se celebraban en la sala principal de la casa. Estos rituales religiosos y la veneración a una divinidad determinada servían también para sellar la pertenencia al grupo tribal convirtiéndose la religión en un medio que mantiene los lazos de unión del grupo o del clan. Si a nivel familiar el padre era el sacerdote principal a nivel tribal eran el jefe o el rey los que intercedían ante los dioses a favor de la comunidad. En Islandia la organización del culto público correspondía a los grandes sacerdotes a los que se denominaban *godar* que eran además los jefes de cada uno de los distritos en que estaba dividida administrativamente la isla.

Los templos donde rendían culto a sus dioses podían establecerse en cualquier lugar, que desde ese momento adquiría el carácter de sagrado, normalmente al aire libre bajo algún árbol o fuente sagrada o sobre alguna construcción en piedra. Posteriormente debieron levantarse edificaciones en madera donde se venerara la imagen de algún dios. Pero sólo se conoce la existencia de un templo pagano como tal, en el sentido actual del término, y se encontraba situado en la corte de la vieja ciudad sueca de Uppsala. Las descripciones de este templo y las prácticas paganas que en él se realizaban nos han llegado por los textos cristianos medievales. El escritor alemán Adam de Bremen hizo en el siglo XI una descripción del templo, relatando cómo muy cerca de la ciudad de Sitguna los suecos habían construido un templo cubierto de oro. Señalaba que estaba completamente rodeado por una cadena de oro que colgaba por las paredes y su brillo era tal que los viajeros podían apreciar su esplendor desde el valle y la montaña. En su interior se encontraban sus tres dioses más poderosos en cuyo honor se había erigido el templo: Odín, el dios de la guerra y el valor cuyo ídolo era una figura con armadura; Frey, el dios de la paz y la complacencia física representado por una figura con un gran pene, y en medio de los dos Thor, el dios del trueno y del relámpago cuya figura era un cetro.

En su narración el escritor alemán continúa diciendo cómo cada nueve años se celebraba una gran fiesta en el bosque sagrado en honor de los dioses. A esta ceremonia tenía que asistir toda la población sueca para hacer los sacrificios rituales y entregar sus ofrendas a los dioses. Cada familia tenía que hacer una ofrenda de sangre humana o de animales, caballos y perros, y de esta manera aplacar la furia de los dioses y atraer su benevolencia. Una vez desangrados sus cuerpos eran colgados de las ramas de los árboles. En los restos del tapiz encontrado en la sepultura de Oseberg se puede observar el dibujo de un gran árbol en el que aparecen retorcidos una gran cantidad de cuerpos colgados de sus ramas.

Pocas referencias más hay en los textos sobre sacrificios humanos lo que lleva a pensar que no fueron una práctica habitual en la época vikinga. Sí, por el contrario, lo fueron los sacrificios de animales como práctica religiosa realizada por una familia o por todos los miembros de un clan. Los animales preferidos para estos sacrificios solemnes eran los caballos o el jabalí en honor del dios Frey para asegurar la fertilidad. El ritual consistía en la celebración de un banquete en el que consumían la carne cocinada del animal. La sangre la recogían en un caldero especial en el que introducían unas ramas, que una vez impregnadas se esparcían sobre los asistentes y sobre las paredes de la sala donde se realizaba el sacrificio. Después, las profetisas o los adivinos leían los auspicios en los muros. A continuación, se celebraba el banquete sagrado. Una parte de la carne del animal sacrificado se reservaba al dios o dioses en cuyo honor se hacía la ofrenda y el resto era repartido entre los comensales. Todos los partícipes bebían cerveza de un cuerno y brindaban en honor de los dioses venerados. Naturalmente, estas prácticas fueron censuradas por la nueva religión cristiana y a consecuencia de ello los cristianos dejaron de comer carne de caballo porque, entre otras razones, lo consideraban perjudicial para la salud. En algunos momentos la posición llegó a ser tan radical que todo lo que tuviera que ver con la ingestión de carne de caballo, incluidos los carniceros que la vendían, lo consideraban como prácticas paganas. A este respecto Snorri Sturlusson relata cómo el rey noruego Haakón *el Bueno*, que ya se había convertido al cristianismo, tuvo que presidir una fiesta de sacrificio y comer carne de caballo. No tuvo más remedio que ocupar el sitio de honor en el banquete pero en lugar de brindar en honor del dios Thor hizo la señal de la cruz en el cuerno. Este hecho fue interpretado como que hacía la señal del martillo del dios y de esta manera pudo salir airoso de esta apurada situación en la que se enfrentaban sus ancestrales tradiciones con la nueva religión.

Algunas veces estas prácticas religiosas se manifestaban para alejar los malos espíritus y se evitaba sembrar sobre algunos campos o se colgaban amuletos hechos de piedras o abalorios o pequeñas estatuillas de dioses; otras, se hacían ofrendas a los duendes y elfos para que atrajeran los buenos espíritus a sus casas y sobre sus cosechas o incluso, como recogen las sagas, se retiraban las cabezas de dragón que adornaban las proas de sus embarcaciones cuando llegaban a tierra para no asustar a los espíritus de la tierra. Las profecías de las videntes, llamadas *völvas*, los conjuros, los ensalmos y los ritos mágicos también tenían su importancia en las prácticas paganas. En las sesiones adivinatorias la profetisa entonaba canciones mágicas con las que llamaba a sus espíritus para que acudieran en su ayuda; una vez alcanzado el estado de trance realizaba diferentes métodos de adivinación. Era muy frecuente utilizar caballos y por sus movimientos saber lo que iba a suceder; otras veces realizaban sacrificios y analizaban las vísceras de los animales sacrificados que, según su forma y disposición, les hablaban de cómo se iban a desarrollar los acontecimientos futuros. También existía la magia negra, que se expresaba en el lanzamiento de maleficios o en la grabación de runas con intención de hacer daño.

Las referencias a estas prácticas rituales mágicas son frecuentes en las fuentes escritas. Snorri describe en la *Saga de Egil* cómo el protagonista tomó una rama de avellano y colocó encima de ella una cabeza de caballo y a continuación dijo su conjuro: *Aquí pongo un poste de agravio y dirijo el insulto al rey Eirik y a la reina Gunnhild, y dirigió la cabeza del caballo hacia la tierra. También contra los espíritus protectores que habitan en estas tierras, para que vaguen perdidos hasta que expulsen del país al rey Eirik y a la reina Gunnhild.* Una vez lanzado el conjuro Egil clavó el palo en una grieta de las rocas y colocó la cabeza de caballo mirando hacia la tierra. Después grabó runas en el palo y volvió a recitar el conjuro. También se describen rituales chamánicos, se relaciona una serie de conjuros para situaciones diferentes y se detalla el origen sagrado de las runas del dios Odín en el *Discurso del Altísimo* recogido en la *Edda Poética*.

Mediado el siglo IX comenzó en Escandinavia una fase de contacto con la cultura cristiana que coincidió con la actividad misionera desplegada por la Iglesia por un lado y por las actividades comerciales, de colonización o de saqueo vikingas por otro. Las relaciones con otros pueblos en los que la religión cristiana estaba arraigada desde hacía varios siglos introdujeron a los vikingos en el conocimiento de las iglesias cristianas de Oriente y Occidente así como también les permitieron acercarse a la literatura religiosa tan abundante en estos países cristianos. Fue un período de sincretismo caracterizado por una mezcla de creencias en las que el pensamiento cristiano, la jerarquía eclesiástica y su rica liturgia ejerció una gran influencia en la literatura oral pagana.

Las relaciones comerciales también tuvieron un importante papel. Cuenta Snorri en la *Saga de Egil* una costumbre común en aquella época entre los reinos cristianos según la cual cualquier persona que quisiera tener trato con cristianos debía recibir lo que llamaban *bautismo preliminar*. Consistía en hacer sobre los paganos la señal de la cruz para librarles de sus espíritus malignos. Esta práctica no obligaba a aceptar el cristianismo y los paganos podían elegir entre continuar con sus creencias o recibir el bautismo definitivo: *El rey pidió a Thórólf y a su hermano Egil que aceptaran el bautismo preliminar que era costumbre entre los mercaderes y la gente que trataba con los cristianos, puesto que los que habían recibido este bautismo podían relacionarse con cristianos y con paganos y podían seguir la fe que quisieran. Thórólf y Egil hicieron lo que el rey les pedía y recibieron el bautismo preliminar.*

Los primeros intentos de la Iglesia por introducir la religión cristiana en Escandinavia se produjeron en Dinamarca. Hacia el año 826 Ansgar, un monje de la abadía de Corvey (Alemania) acompañó al rey danés Harald, después de que éste fuera bautizado en su destierro en Ingelheim a cambio de la ayuda del emperador Ludovico Pío contra los enemigos de su reino. La misión apenas tuvo éxito, sólo pudo fundar una pequeña iglesia en Hedeby, y Ansgar tuvo que regresar cuando Harald fue expulsado de nuevo del país. Tres años después el misionero se aventuró con otros compañeros en un peligroso viaje por mar que les llevaría hasta la corte del rey Björn en Suecia. Después de ser atacados por los piratas que les quitaron sus posesiones y les obligaron a abandonar el barco consiguieron llegar a Birka. Allí lograron convertir al representante del rey en la ciudad, Herigar, y levantar una pequeña capilla. Pero poco más. En el año 831 Ansgar dejó algunos misioneros en Birka y regresó a Alemania donde fue ordenado arzobispo de Hamburgo, ciudad en la que residió hasta que la sede episcopal se trasladó a Bremen después de que aquélla fuera destruida por el asalto vikingo de 845. Pero la incansable actividad pastoral del monje alemán le hizo merecedor de la confianza del Papa para convertir a los daneses y a los suecos. De nuevo reemprendió su misión hacia los territorios del norte de Europa y en 850 volvió a Dinamarca donde fundó una pequeña iglesia y dos años después regresó a Suecia. En Birka obtuvo el consentimiento real para predicar el evangelio y construir una iglesia que atendiera las necesidades de la pequeña comunidad cristiana que se había mantenido desde su anterior viaje. En el año 854 volvió a Dinamarca donde reforzó la labor de la iglesia de Hedeby y fundó alguna más en Ribe. A pesar de sus esfuerzos evangelizadores su misión apenas tuvo éxito y tras su muerte, ocurrida en el año 865, el territorio escandinavo seguía siendo fundamentalmente pagano.

Fue durante el siglo X cuando tuvo lugar la conversión de Dinamarca. Hacia el año 930 Unni, arzobispo de la sede episcopal de Hamburgo-Bremen, envió una misión para convertir a los daneses pero se encontraron con la oposición del rey Gorm. En el año 960 su hijo y sucesor Harald I *Diente Azul* recibió el bautismo junto con su familia. La leyenda cuenta que lo hizo después de perder una apuesta ante el misionero Poppo que superó con éxito una prueba de fuego demostrando al rey danés la fuerza superior de su religión. Desde ese momento se desarrolló una gran labor misionera que contaba con el apoyo de la realeza y los éxitos fueron verdaderamente importantes. Se fundaron numerosas iglesias y comunidades religiosas y se establecieron obispados en Hedeby y Ribe. Sus sucesores siguieron fomentando la implantación de la nueva religión, que se vio reforzada por la llegada de obispos y misioneros ingleses bajo el reinado del nieto de Harald, Canuto *el Grande*, rey de Dinamarca y de Inglaterra. Tras la muerte de Canuto, en el año 1035, se considera que la conversión total de Dinamarca era ya un hecho.

A principios del siglo X, Haakón, hijo del rey noruego Harald I *el de la Hermosa Cabellera*, fue enviado a la corte de

Athelstan (924-939), rey de Inglaterra, donde fue educado en la religión cristiana. A la muerte de su padre Haakón reivindicó su derecho al trono a su hermano Erik *Hacha Sangrienta*; ayudado por el ejército del rey inglés derrotó a Erik y se hizo con el poder. Intentó introducir la nueva religión pero se encontró con una oposición tenaz de su pueblo. Pero a pesar de todo los misioneros ingleses pudieron fundar alguna escuela religiosa y enviar algún obispo.

A finales de siglo, la parte oriental de Noruega se encontraba bajo el poder del rey danés, ya cristiano, Harald I *Diente Azul*, mientras que la occidental estaba gobernado por el conde Haakón de Lade, un dirigente muy arraigado en sus tradicionales creencias paganas y firme opositor a cualquier cambio que modificara sus costumbres. Aprovechando una rebelión de campesinos contra el conde, Olaf Tryggvason, descendiente del rey Harald I, regresó a Noruega, acompañado de varios misioneros y obispos. Olaf había participado en numerosas expediciones de saqueo y en la última campaña contra Inglaterra se convirtió a la religión cristiana. En el año 995 venció al conde Haakón y se hizo con el poder, con el firme propósito de extender el cristianismo entre su población. Lo primero que hizo fue ordenar destruir y quemar todos los santuarios paganos y perseguir a los jefes religiosos más destacados. Ese mismo año, consiguió la aceptación de la religión cristiana en los archipiélagos del Atlántico. Al año siguiente, se propuso la conversión de Islandia y allí envió un gran número de misioneros. La presión del rey tuvo sus efectos porque hacia el año 999 el *Althing* islandés decidió aceptar voluntariamente la nueva religión. En Groenlandia también se impuso de manera pacífica, más o menos hacia la misma época, con la ayuda de Leif, hijo de Erik *el Rojo* que se había convertido al cristianismo.

Tras la muerte de Olaf I Tryggvason en el año 1000, Noruega volvió a vivir un período de resurgimiento de sus creencias paganas hasta la subida al trono de Olaf II Haraldsson, San Olaf. Durante su reinado este monarca completó la conversión que había iniciado Olaf I. Estableció relaciones con el arzobispado de Hamburgo-Bremen, apoyó la labor desarrollada por los misioneros ingleses y la fundación de numerosas iglesias por todo el país, pero además introdujo la doctrina cristiana en los códigos legales estableciendo leyes cristianas, aunque siguió respetando los tradicionales *thing*. Cuando murió, en 1030, el país ya era cristiano. Se consideró que había muerto como un mártir y fue canonizado en 1164. Su tumba de Nidaros (Trondheim) se convirtió en un lugar de peregrinación donde acudían los fieles para honrar a su santo patrón.

En Suecia la labor evangelizadora llevada a cabo en el siglo IX por los monjes Ansgar y Rimbert no tuvo ningún éxito, aunque los reyes locales permitieron la llegada de misioneros cristianos. Olaf Skötkonung (990-c. 1022), primer rey sueco convertido al cristianismo, se esforzó por extenderlo, sobre todo, por las regiones del sur más cercanas a la influencia de la Europa continental cristiana, pues en la parte central de Suecia, alrededor del lago Mälar, tenían su sede los reyes *svears*, que eran fervientes partidarios de mantener la religión pagana. A la muerte de Olaf el cristianismo se había afianzado en la región de Västegötland y en la ciudad de Skara, en Östergötland, se había establecido ya una sede episcopal. Sus sucesores favorecieron la progresiva cristianización del país permitiendo la labor de los misioneros y los obispos estableciendo muchas iglesias, impulsando la organización de la iglesia sueca que estableció contactos con la sede episcopal de Hamburgo-Bremen. Aunque a finales del siglo XI se puede dar por concluido el proceso de cristianización de Suecia lo cierto es que, al igual que ocurrió en Finlandia, la nueva religión convivió junto a las prácticas paganas hasta bien entrado el siglo XII.

BIBLIOGRAFÍA

BARTHELEMY, P.: *Los vikingos. La apasionante historia de uno de los pueblos más enigmáticos que han existido.* Ediciones Martínez Roca, Barcelona, 1989.

BERNÁRDEZ, E. (traductor): *Sagas islandesas.* Espasa Calpe, Madrid, 1984.

BOSCH GIMPERA, P.: *Prehistoria de Europa.* Ediciones Istmo, Madrid, 1975.

BOYER, R.: *La vida cotidiana de los vikingos.* Medievalia, Barcelona, 2000.

BRANSTON, B.: *Dioses y héroes en la mitología vikinga.* Anaya, Madrid, 1990.

CHAMPION, T.: *Prehistoria de Europa.* Editorial Crítica, Barcelona, 1988.

COHAT, Y.: *Los vikingos, reyes de los mares.* Aguilar Universal, Madrid, 1989.

FRONCEK, T.: *Los hombres nórdicos.* Time-Life, Barcelona, 1975.

GRAHAM CAMPBELL, J.: *Los vikingos. Orígenes de la cultura escandinava.* Ediciones Folio, Barcelona, 1995.

LADERO QUESADA, M. A.: *Edad Media.* Vicens Vives, Barcelona, 1987.

OXENSTIERNA, E. G.: *Los pueblos del norte.* Ediciones Castilla, Madrid, 1965.

— *Los vikingos*. Biblioteca Universal Caralt, Barcelona, 1977.

PAGE, R. I.: *Mitos nórdicos*. Akal, Madrid, 1992.

SAINT GERMAIN, ABDÓN DE: *Testimonios del mundo de los vikingos*. Orbis, Barcelona, 1986.

STURLUSSON, S.: *Saga de Egil Skallagrimsson*. Traducción de Enrique Bernárdez. Editora Nacional, Madrid, 1983.

— *Textos Mitológicos de las Eddas*. Traducción de Enrique Bernárdez. Editora Nacional, Madrid, 1983.

TALBOT, D. (dir.): *Historia de las civilizaciones: La Alta Edad Media*. Alianza Editorial, Madrid, 1988.